이재명의 9회 말 끝내기

이재명의 9회 말 끝내기

초판 1쇄 발행　2021년 12월 10일

지은이　이동형 김성회 박진영
펴낸이　변선욱
펴낸곳　왕의서재
마케팅　변창욱
디자인　꿈지락

출판등록　2008년 7월 25일 제313-2008-120호
주소　경기도 고양시 일산서구 일현로 97-11 두산위브더제니스 107-3803
전화　070-7817-8004
팩스　0303-3130-3011
이메일　latentman75@gmail.com
블로그　blog.naver.com/kinglib

ISBN　979-11-86615-58-4　03340

책값은 표지 뒤쪽에 있습니다.
파본은 구입하신 서점에서 교환해드립니다.

이동형·김성회·박진영 만렙 지략가들의

대선 필승 전략

이재명의
9회 말
끝내기

이동형, 김성회, 박진영 지음

준비되지 않은 아마추어보다 응징이 낫다?

1992년 대선을 앞두고 당시 집권당의 강력한 대권 후보였던 김영삼에게 자질론 시비가 붙었다. "평생 야당에서 투쟁만 해오던 인사여서 집권전략, 정책구상, 용인술, 미래비전 등이 보이질 않는다"라는 지적이었다. 이 논란에 김영삼은 "머리는 빌리면 된다"는 논리로 정면 돌파를 시도했고 마침내 14대 대통령의 자리를 거머쥐었다. 그러나 그 끝은 다 아시다시피 IMF라는 최악의 경제 대란이었다.

20대 대통령 선거를 앞두고 또다시 그때와 똑같은 이야기가 흘러나온다. 국민의힘 대통령 후보인 윤석열이 "전두환 대통령이 군사 쿠데타와 5·18만 빼면 정치를 잘했다"라며 "대통령이 되면 전문가를 적재적소에 기용해 역량을 발휘하도록 하겠다"라고 언급한 것이다. 연일 되풀이되는 실언, 망언, 드러나는 정치 경험 부족, 준비되어 있지 않은 정책 등으로 논란이 일자, 과거 김영삼 후보와 같은 취지의 말을 한 것이다.

다음 대통령은 코로나 이후 비상 경제 상황을 총 책임지는 막중한 임무를 띠고 있다. 4차 산업 발달에 따르는 경제 환경과 노동시장 변화, 기후변화에 따른 위기 상황 대처, 글로벌 경제와 미·중 갈등, 한일문제 등 외교, 남북문제와 안보, 통일과 내적 구성원들 간 갈등 해결 등 풀어야 할 과제들도 산더미이다. 이뿐인가 문화강국으로 발돋움한 한국문화의 발전과 확장, 세계 10대 무역국으로서의 위상 유지 등 21세기와 이 나라를 선도적으로 이끌 능력과 비전, 경험과 지식, 확고한 국정철학과 안목이 있는 사람이 지도자가 되어야 한다. 이렇게 중차대한 시기에 또다시 "머리는 빌리면 된다"는 준비되지 않은 지도자에게 나라를 맡겨서야 하겠나!

머리는 빌리면 된다고 하자. 한데 그 빌리는 주체가 누구인가? 결국, 머리 나쁜 사람이 빌리게 되어있다. 악성부채가 있는 사람에게 빚을 더 지우면 파산하기 마련이다. 무엇이 되었든 빌리면 갚아야 한다. 우리는 이미 예전에 IMF로 그 빚을 갚았다. 그러니 더는 같은 실수를 되풀이하지 말자.

1부.

이동형 작가

1장.
어려운 싸움

기울어진 운동장

21년 추석 밑, 경기도의 작은 인터넷 매체에서 보도한 기사로 촉발된 대장동 의혹은 한 달이라는 시간을 훌쩍 넘어 언론의 중요 이슈에서 계속 다루어지고 있다. 야당에서 원하는 대로 특검이 이뤄진다면, 대통령 선거 바로 직전까지 이 이슈는 묻히지 않고 계속 번져 나갈 것이다. 그 사실을 모르지 않는 여당이 이걸 받아줄 리 만무하나, 언론이 그 누군가의 입에서 혹, 그 어떤 서류뭉치에서 '이재명'이라는 이름이 나오기를 학수고대하며 '인디언 기우제'식 보도를 하고 있으니, 여권에서 언론지형을 '기울어진 운동장'이라고 한탄하는 것도 무리는 아니다.

대장동 의혹을 다루는 우리 언론의 보도 행태는 "이재명에게 뭔가가 있다"라는 식의 경마식 보도가 주를 이루는데, 마치 모든 언론사가 짜기라도 한 듯이 똑같은 논조이다. 가히 "이재명 죽이기"라고 해도 과언이 아니다. 몇 가지 사례만 보고 그에 대한 반론을 짧게나마 써 본다.

1. 21년 10월 14일, 《동아일보》 1면, 단독 "박영수, 인척 회사 통해 화천대유 돈 받은 의혹"

   이 기사에 마치 어디론가 끌려가는 듯한 이재명 사진을 같이 실은 동아일보의 꼼꼼함

2. 21년 10월 16일 자 《조선일보》 1면, [단독] 이재명, 대장동 공문에 최소 10차례 서명

3. 21년 10월 15일 자 《디지털타임즈》 사설, 김만배 영장 기각…우려했던 졸속수사, 특검만이 답이다

4. 21년 10월 15일 자 《연합뉴스》 김오수, 검찰총장 임명 전 5개월간 성남 시 고문변호사 활동

5. 21년 10월 15일 자 《조선일보》 박정훈 칼럼 '대장동, 큰 게 있다' 느낌 확 온 순간들

6. 21년 10월 16일 《데일리안》 이재명 28% 쇼크?… 컨벤션효과 없고, 복 수 조사서 지지율 폭락

7. 21년 10월 14일 《중앙일보》 "이낙연 표 14%만 이재명에" 컨벤션효과 대신 후유증만 남았다

8. 21년 10월 13일 《노컷뉴스》 진중권 "나에게 돈이 오지 않고도 뇌물 받 는 법 있다"[한판승부]

9. 21년 10월 15일 《연합뉴스》 뒤늦게 성남시 압수수색 나선 검찰… 이재 명까지 올라가나

10. 21년 10월 14일 《조선일보》 文, 대선후보 이재명과 첫 만남… 인사도 않고 헤어졌다

1. "박영수, 인척 회사 통해 화천대유 돈 받은 의혹"

이 제목의 기사 바로 밑에 이 주제와는 전혀 상관없는 이재명의 사진을 실어 독자들에게 화천대유는 '이재명 것'이라는 각인을 시키려 했다. 저열한 수법이 아닐 수 없다.

2. 이재명, 대장동 공문에 최소 10차례 서명

그래서? 이게 뭐 어쨌다는 건가? 사업을 시행하고 끝내는 데 시장 결제 사인이 들어가는 것은 당연하지 않은가? 이 당연한 일을 뭔가 있는 것처럼 '제목 장사'를 하고 있으니 기가 찰 노릇이다.

이재명은 "대장동 사건은 특혜가 아니라 단군 이래 최대금액을 공공 환수한 자신의 치적"이라고 했다. 실제로 2000년 7월 도시개발법 시행 이후 지난 21년간 전국의 도시개발사업 완료 총 241건 중, 개발 부담금이 징수된 사업은 10건, 개발 부담금 총액은 1,768억 원이었다. 이재명이 대장동 건 단독으로 5,500억 원을 회수했으니, 역대도시개발사업 환수총액의 300% 이상을 나 홀로 성공시킨 것이다.

3. 김만배 영장 기각… 우려했던 졸속수사, 특검만이 답이다

검찰 수사는 야권뿐만이 아니라 여권도 우려를 표명했다. 이런 수사는 현금 흐름이나 계좌추적을 통해 어디서 돈이 흘러들어왔고 어디로 넘어갔느냐가 제일 중요한 대목인데, 검찰은 경찰의 압수수색, 계좌추적 영장을 반려 혹은 보완 요구하고 오염된 정영학의 녹취록을 따라가는 이상한 수사를 고집했다. 당연, 여권으로서는 '검찰이 자신들의 선배들 이름만 잔뜩 흘러나오는 이 사건을 파헤치기보다는 이재명에 집중한 수사를 하고 있다'라고 오해할 수 있는 것이다.

그런데, 이 사설은 김만배 영장이 기각된 것은 이재명을 비호하려는 검찰의 의도이고 그래서 특검이 답이라며 야당 주장을 그대로 되풀이하고 있으니, 언론이 국민의힘 기관지 노릇이나 한다는 비아냥거림을 들어도 할 말이 없는 것이다. 그 잘난 특검이 이건희, 이명박에게 차례로 면죄부를 줬던 기억을 잊은 것인가? 역대 특검 중 가장 성과를 냈다고 하는 박영수 특검의 지금 모습은 또 어떤가? 특검을 도입하면 수사 결과는 대통령 선거 뒤에 나올 수밖에 없다. 그런데도 고장 난 녹음기마냥 무조건 특검을 외쳐대니, 대선에 영향을 미치려는 불순한 의도가 아니라면 이해할 수 없는 행동이다.

4. 김오수, 검찰총장 임명 전 5개월간 성남시 고문변호사 활동

우리나라 최대 통신사, 매년 국고지원금을 300억 원씩 받아 가는 《연합뉴스》에서 나온 수준 이하의 기사다. 김오수가 성남시 고문

변호사로 활동한 시기는 2020년 12월 1일부터 2021년 5월 7일까지였고 이재명이 성남시 시장을 사퇴한 날짜는 2018년 3월 14일이었다. 그런데도 연합은 뭔가 있는 것처럼 제목을 달았고 이를 비판 없이 타 언론사가 그대로 받아썼다. 독자들이 보는 열 개의 예는 이처럼 한 회사가 쓰면 다른 회사가 그대로 받아서 퍼트린 기사들이다. 그러니 실제로는 10개의 회사에서 10개의 기사를 냈지만, 독자들은 같은 제목, 같은 논조의 기사를 수백, 수천 가지 변형된 조합으로 볼 수밖에 없는 구조다.

5. '대장동, 큰 게 있다' 느낌 확 온 순간들

기자 뇌피셜에 확증편향이 잔뜩 섞인, 기사 가치도 없는 쓰레기 글이다.

6. 이재명 28% 쇼크? … 컨벤션효과 없고, 복수 조사서 지지율 폭락

컨벤션효과 없다? 반대로 물어보자. 컨벤션효과 있었던 대통령 후보는 누구였나? 단 한 명이라도 있었나?

1997년 15대 대선 당시 한나라당의 이회창 후보는 신한국당(한나라당의 전신) 후보로 선출된 뒤 약 한 달간 지지도가 10%포인트 넘게 하락했다. 1997년 7월 21일 자 조사에서 37.9%를 기록한 이회창 후보의 지지율은 이후 떨어지기 시작해 8월 13일 25.9%를 기록했다.

2002년 16대 대선도 마찬가지. 새천년민주당 노무현 후보 역시 대선 경선 후보로 확정된 이후 지지율이 떨어졌고 이후, 정동영, 이명박, 박근혜도 똑같은 경험을 했다. 이는 경선 막바지 후보자의 윤곽이 그려지면서 흥행재료가 소멸하고 그에 따른 결집도가 흩어지면서 오는 자연스러운 현상이다. 게다가 경선 도중 같은 당 후보와 치열하게 맞붙어 경선 결과가 나온 직후에는 무응답층이 늘어나면서 생기는 현상이기도 한데, 결국 어느 정도 시간이 지나면 떨어진 지지율은 회복된다. 이런 사실을 모르고 기사를 썼다면 무능이고 알고 썼다면 기만이다. 이재명 지지율 폭락도 마찬가지. 어느 조사를 살펴봐도 이재명의 등락은 ±1~3%포인트이다. 이걸 폭락으로 쓴다는 것 자체가 독자들을 기만하는 행위 아닐까?

7. 이낙연 표 14%만 이재명에, 컨벤션효과 대신 후유증만 남았다

《오마이뉴스》 보도 이후, 대부분의 언론사가 이 기사를 받았는데, 잘못된 조사에 잘못된 해석의 전형이다. 《오마이뉴스》가 의뢰하고 리얼미터가 조사한 이 문항은 민주당 경선에 참여한 사람들 혹은 민주당 지지층에 국한해 질문한 것이 아니라, 무당층, 국민의힘, 국민의당 등 모든 설문 참여 인사에게 한 질문이었다. 그 전 각종 여론조사에서 야당 지지층이 이재명보다 이낙연에게 더 후한 점수를 준 것을 봤을 때, 이 조사 자체에 문제가 있는데, 이를 비판한 언론사는 단 한 곳도 없고 이재명 까는 기사를 그저 인용하기 바빴으니 대한민국 저널리즘은 어디에 있단 말인가?

8. "나에게 돈이 오지 않고도 뇌물 받는 법 있다" [한판승부]

따옴표 저널리즘의 전형, 책임지지 않는 그래서 아무 말이나 내뱉는 '프로 악플러' 진중권의 확인되지 않은 말을 그대로 제목으로 인용했다.

윤석열 징계가 나왔을 때 진중권이 뭐라고 했던가? "죽창만 안 들었지 인민재판"(물론 진중권의 이 말도 대부분 언론이 따옴표로 받아썼다)이라고 하지 않았나? 윤석열 징계에 대해 "2개월 징계도 가볍다. 면직도 가능했다"라는 1심 법원의 판결문을 그 면상 앞에서 흔들고 싶어진다. 내 저작물의 질적 하락을 우려해 진중권 이야기는 더 하지 않겠다.

9. 뒤늦게 성남시 압수수색 나선 검찰… 이재명까지 올라가나

이재명이 돈을 받았다는 증거나 증언이 나왔나? "그분 것"이라는 녹취록 내용도 검찰관계자가 국정감사장에 나와 "정치인이 아니다"라고 한 마당에 검찰이 이재명을 뭐 어떻게 한다는 말인가? 자신의 희망 사항을 적는 것이 기사가 아니다.

10. 文, 대선후보 이재명과 첫 만남… 인사도 않고 헤어졌다

그냥 오보다. 후에 제목을 고쳤지만, 이미 볼 사람은 다 봤다. 기자와 데스크의 목적은 이미 달성한 것이다.

단 나흘간 쏟아낸 기사들이 저 모양이다. 조중동으로 대표되는 보수언론 포함, 통신사, 인터넷 매체까지 모두 합심해서 이재명 죽이기에 열을 올리고 있다.

오보는 물론이요 제목 장사, 사진 낚시, 제멋대로 여론조사 해석, 과도한 추측, 확증편향, 시점 무시, 따옴표 저널리즘 등 신문방송학과 신입생들도 쓰지 않을 기사를 마구잡이로 배설해 내고 있다. 이는 언론의 기본 사명인 '권력 감시'가 아니라 "우리 손으로 대통령을 만든다"라는 오만방자함이 기저에 깊이 깔려있다고 볼 수밖에 없다. 그렇지 않다면 백주에 어떻게 이런 기사들을 쏟아낼 수 있겠는가. 대한민국의 언론 현실이 이것인가 싶어 쓸쓸하기까지 하다.

이뿐이 아니다. 대장동 의혹 제기 초기에는 이재명 아들이 화천대유에 근무했다는 거짓 기사나, 유동규가 이재명 캠프에 있다는 오보, '천화동인'의 회사 이름을 이재명 선거 캐치프레이즈의 하나인 '대동세상'의 '동'에서 따왔다는 확인되지 않은 보도까지 마구잡이로 생산해 냈다.

11월 4일 《YTN》 '뉴스가 있는 저녁' 보도에 따르면 언론은 민주당과 국민의힘 경선 보도에도 노골적으로 한쪽 편만 들었다.

선거인단 수를 보면 민주당은 217만여 명이고 국민의힘은 57만여 명이다. 투표에 실제 참여한 사람 수는 민주당 146만여 명, 국민의힘 36만여 명이고, 최종 투표율은 민주당 67.3%, 국민의힘 63.89%로 민주당이 모두 국민의힘보다 높았다. 그런데도 우리 언론은 민주당 경선은 흥행에 실패했고 국민의힘 경선은 흥행했다고 대대적으로 보도했다. 선거 개입을 떠나 선거 조작이자 대국민 사기극이다.

선거 시기 명확히 확인되지 않은 사안에 대해 특정인의 일방적 주장이나 기자 자신들의 뇌피셜로 기사를 쏟아내는 것은 국민의 알 권리가 아닌 여론 호도이자 선거 개입이다. 유독 이재명에게만 가혹하리만치 이런 '정의(?)'의 펜을 들이미는 것은 대한민국 비주류 이재명이 대통령이 된다면 기득권 언론사, 언론단체, 언론인들이 더는 해먹을 수 없기 때문이 아닐까?

굵직한 대형언론사는 대부분 모기업이 건설 회사를 가지고 있고 언론재벌들은 총수 집안 자체가 너나 나나 할 것 없이 거대한 부동산 자산을 소유하고 있다. 또한 언론사 광고의 한 부분을 차지하는 것도 토건족들 돈이다. 이재명에 대한 우리 언론의 비토는 바로 여기서 출발하는 것이다.

극성스러운
똥파리들의 비토

스스로 '문파'라고 자처하는 극성지지자들에게 '똥파리'라는 명칭을 하사한 것이 필자이기에 여기에서도 그들을 '똥파리'라고 칭하겠다. 이해찬 대표는 이들을 향해 2,000명 정도의 극소수라고 했는데, 그래서 '이천파'라고도 불린다. 물론 이재명 후보는 "똥파리라는 명칭을 공개된 자리에서 쓸 수 없어 불편하다. 왜 이렇게 지었느냐?"며 나에게 애교 섞인 항의를 하기도 했다.

이재명 후보가 더불어민주당의 정식 대통령 후보로 확정되고 송영길 대표는 《YTN》과의 인터뷰에서 이 똥파리들을 가리켜 "확인되지 않은 사실을 만들어서 악의적 비난을 퍼부었다. 이런 행태는 일베와 다를 바 없다"라며 비판했다.

이 인터뷰가 나가자 똥파리들은 분기탱천하여 청와대에 송영길 사퇴 청원을 넣고 온라인 커뮤니티에 송영길을 비난하는 글을 도배하다시피 했다. 물론 '일베' 언어로 말이다. 우리 언론은 당연하듯이 이 내용을 가지고 와 민주당 갈라치기를 시전했는데, 민주당이 집권하기를 바라지 않는 언론에 똥파리들은 좋은 먹잇감이다. 심심할 때마다 이 똥파리들을 '친문', '친문 단체'로 규정하며 당내 이간질과 이재명 비난에 써먹어 왔으니 기레기들로서는 똥파리들의 난동이 반가울 수밖에 없었을 것이다. 이렇게 해서 쓰레기와 똥의 환상적인 조합이 탄생했다.

똥파리들은 민주당을 지지하는 인사들이 아니다. 착각하지 마시라. 오로지 '이재명 혐오 장사'로만 4년 가까이 민주당과 진보 진영의 물을 흐린 일베를 넘어 조폭과도 같은 집단일 뿐이다.

그네들이 이재명을 함께 혐오하지 않는다고 '찢계'라고 정의하며까 내린, 그것도 일베의 언어로 비난한 인사들만 이해찬, 추미애, 송영길, 박범계, 정성호, 이규민, 박주민, 이재정, 김병욱, 김남국, 최민희, 김현, 최재성, 양정철, 은수미, 제윤경, 김영춘, 이철희, 유시민, 김어준, 주진우, 김용민, 정봉주, 문성근, 명계남, 이승환, 김갑수, 황교익, 조국 등 이루 헤아릴 수 없다.

이해찬은 해골찬으로 추미애는 애미추로 최민희는 최전혀로 조롱하면서 이재명이 경기도지사가 되는 것보다 파도 파도 미담만 나오는 남경필을 찍겠다고 선동했던 이들이 바로 똥파리들이다. 그런데 어뗗게 이들과 한 팀이 될 수 있는가? 똥파리들이 각종 선거 등에서 지금껏 지지했던 사람은 전해철, 김진표, 홍영표, 이낙연인데(공통점은 당내 경선에서 모조리 패했다는 것이다. 똥밀필패. 똥파리가 밀면 반드시 진다는 명언이 바로 여기에서 나온 것이다)

똥파리들은 이들이 좋아서 지지한 것이 아니다. 이재명 혐오 장사를 할 수단으로 이들을 지지한 것뿐이다. 그 예가 바로 조국이다. 한때 조국을 비난하던 똥파리들은 조국이 윤석열 검찰로부터 핍박을 받자, 이게 장사가 된다고 판단해 '조국 수호 시위'가 열리던 그 시점에 또 다른 장소에서 또 다른 조국 수호 시위를 벌였다. 그리고 장사 잘해 먹고, 민주당 대통령 경선 이후, 조국이 자신의 SNS에서 이재명과의 원팀을 이야기하자, 곧바로 조국의 책을 불태우는 패악질을 선보였다. 이들 수준이 이 정도다.

문재인을 지키는 것이 절체절명의 진리라고 외치는 인간들이 "문재인을 아오지 탄광으로 보내야 한다"라고 했던 김부선에게 이재명과 잘 싸우라며 기부금을 보내고 당내 경선이 끝난 후, 차라리 남경필, 윤석열, 그리고 홍준표를 찍겠다고 여론을 선동하고 있다. 이번 기회에 이들을 정리하지 못한다면 민주당은 앞으로 영원히 분열의 씨앗을 안고 각종 선거에 임할 수밖에 없다. 민주당은 이들과 절연해야 하고 이들의 강한 온라인 화력이 민심이라고 믿는 민주당 인사들은 제정신 차려야 한다.

'똥밀필패'는 과학이다. 똥파리들이 국민의힘 후보를 민다고 하니 그렇게 하게 내버려 두자. 혹 민주당 후보를 지지한다고 하면 이재명은 이번 선거에 패배한다. 그래서 극성스러운 똥파리들의 비토는 오히려 이재명의 자산이다. 극성스럽게 비토하는 그룹이 있으면 작용·반작용의 법칙으로 단단한 충성심을 가지고 끝까지 우리 후보를 지켜내자고 하는 지지자들이 생기게 마련이다. 똥파리들은 두려움의 대상이 아니다. 앵앵거리는 게 단지 귀찮을 뿐이다. 그러니 똥파리들 여론은 단 1도 신경 쓰지 마시라.

끝으로 나처럼 똥파리들에게 혹독하게 당한 황교익 맛 칼럼니스트의 글을 여기 싣는다. 그의 주장에 100% 동의하는 바이다.

벌레 이름으로 불리는 정치 세력이 있다. 스스로 문파라고 하는데, 보통의 문재인 지지자와 분별하기 위해 나는 극렬문빠라고 부른다. 나는 이 정치 세력이 더불어민주당 대통령 후보 캠프에 발을 들여놓거나 관여하지 않기를 간절히 바라고 있다. 이들에게 감정이 상했기 때문만은 아니다. 인간이나 정치에 대한 기본적인 철학에 문제가 있는 사람들이기 때문이다.

극렬문빠는 자신들과 정치적 입장이 조금이라도 다르면 집단으로 인신공격을 하고 관련 단체와 기관 등에 전화하여 상대의 생계에 훼방을 놓는다. 이들의 존재는 내가 문재인 지지를 선언하며 더불어포럼 공동대표로 들어가기 이전에 알았다. 그들의 극성이 문재인의 확장성에 방해가 된다는 우려를 자주 들었다.

극렬문빠는 문재인 정부 입장에서는 지원군이니 그들의 패악질을 제어

하는 데에 소극적이었다. 문재인 지지자인지 아닌지는 그들이 판단하겠다고 설쳤다. 특히 이재명에게 조금이라도 우호적인 말을 하면 복날에 개 잡듯이 몰아쳤다. 아니다. 이재명에게 욕을 하지 않으면 문재인 편이 아니라고 우격다짐을 했다.

극렬문빠는 선거 때마다 특정 정치인 지지를 선언하고 상대 정치인을 악마화했다. 더불어민주당 지지 세력이라고는 도저히 생각할 수 없는 갈라치기를 했다. 나는 극렬문빠가 결국은 문재인을 죽일 것이라며 자제를 요구했다. 문재인 대통령도 자제를 부탁했다. 그러나 그들은 여전히 안하무인이었다.

이번 더불어민주당 대통령 후보 경선에서 극렬문빠가 이낙연에게 붙었다. 반이재명을 외치자니 그쪽으로 갔다. 이낙연은 열렬한 지지 세력으로 여겼을 것이다. 이낙연이 극렬문빠의 주장을 받아들여 무조건 반이재명을 외치다 보니 나중에는 국민의힘의 주장과 하나 다를 바가 없게 되었다. 이낙연의 패배에 극렬문빠가 결정적 노릇을 했다. 이낙연 캠프 사람들은 이들에게 아직도 우호적인 발언을 하는데, 나는 이해한다. 자기편이라 생각하면 이런 문제가 안 보인다. 현타가 곧 올 것이다.

경선 과정에서의 감정 충돌 정도야 흔한 일이다. 최종에는 툴툴 털고 본선에서 원팀으로 움직이는 게 정치 상식이다. 그렇게 해서 극렬문빠도 원팀으로 들어오게 된다면, 나는 반대이다. 극렬문빠가 대선에 관여하는 일에 나는 반대이다. 그들은 인간과 정치에 대한 철학에 큰 문제가 있는 집단이기 때문이다.

정치는, 정치판 안에서만 싸워야 한다. 정치판 안의 이슈만으로 논쟁해야 한다. 특히 직업정치인이 아닌 사람들끼리 논쟁을 할 때는 정치적 입장 밖에 존재하는 각각의 삶을 서로 존중해야 한다. 그런데 극렬문빠는 이 원칙을 어겼다. 상대에게 정치 생명만이 아니라 명예와 직업 생명까지 내놓으라고 공격을 한다. 굳이 비교하자면, 자유당 정권 때의 정치깡패를 닮았다. 민주 시민은 패악질의 정치에 물렸다. 극렬문빠가 포함된 원팀이면 더불어민주당의 재집권은 장담하기 어렵다. 이낙연 캠프의 실패를 교훈 삼아야 한다. 극렬문빠는 한국 정치판에서 이제 사라져야 한다. 극렬문빠가 빠진 원팀이어야 이긴다.

나는 문재인 지지자이다. 대통령 퇴임 이후 고향에서 평안히 지내시길 간절히 바라고 있다. 문재인에게 우호적인 사람임에도 그들 마음에 안 드는 게 조금 있다고 욕설을 하고 명예와 직업을 빼앗으려는 극렬문빠로는 문재인을 지킬 수 없다. 지지자가 정치인을 지킨다는 말도 사실 우습다. 국가가 원칙대로 운영되면 그런 걱정은 안 해도 된다. 극렬문빠가 빠진 원팀이 그 일을 해낼 것이다.

포퓰리스트 논쟁

이재명은 당내 경선기간 내내 압도적 선두를 달렸다. 그래서인지 야당은 이재명을 상수로 두고 대권 플랜을 마련했다. 토론회에서 이재명만 공격했던 것도, 이준석 대표를 비롯한 지도부들의 주요 공격 대상이 이재명이었던 것도 바로 그 이유 때문이다.

야권 경선기간에 윤석열과 1, 2위를 다투던 홍준표는 도덕성이나 대장동으로 공격하는 다른 후보와 달리 "이재명은 포퓰리스트다"로 공격했는데, 도덕성이나 대장동 건으로 이재명의 지지율은 흔들리지 않는다. 그런 문제로 흔들렸다면 성남시장 재선이나 경기도지사 선거에서 이미 패배했을 것이다.

경륜과 정치적 동물 감각이 다른 후보보다 나은 홍준표가 이재명이 흔들릴 수 있는 부분을 정확히 찔렀다. 엄밀히 말하면 이재명이 흔들리는 것이 아니라 유권자가 생각을 달리 할 수 있는 부분이다.

실체적 진실과 달리, 정치인이 거짓을 반복해서 주장하고 미디어가 그것을 받으면 대중들의 머릿속엔 그 거짓이 각인된다. "진보가 집권하면 대북정책이 굴종으로 변하고 모든 걸 북한에 퍼주기만 한다"라는 이른바 '퍼주기 논쟁'도 결국 먹혀들었다. 실제로 문재인 정부 들어 북한에 인도적 지원조차 제대로 한 적이 없으나 보수당에 '퍼주기 논쟁'은 여전히 달콤하고 매력적인 화두이다.

국민의힘은 이번 대선에도 이 무기를 들고 왔다. 홍준표가 앞에 나서서 이재명은 포퓰리스트라고 외치고 유승민, 원희룡이 뒤를 받쳤다. 윤석열은 그게 무엇인지도 모르는 정치 무뇌아 수준이니 관망 말고 달리 할 게 없었지만…

국민의힘 논리는 간단하다. 국가부채가 폭발 직전인데, 이재명의 공약인 기본소득 시리즈 등이 실시되면 나라가 결딴난다는 것이다. 덤으로 베네수엘라를 언급하는 것도 잊지 않는다. 여기서 잠깐 베네수엘라 이야기를 하지 않을 수 없다. 국민의힘 거의 모든 정치인, 조중동과 경제신문들, 보수경제학자 등은 항상 베네수엘라를 언급하면서 좌파 정책, 포퓰리스트 정책으로 나라가 망했다고 선전, 선동한다. 과연 그럴까?

차베스 집권 전에 베네수엘라 국민 삶이 어땠는지 그네들은 알기나 하고 있을까? 유일한 수입원인 석유를 일부가 독점하고 서민들은 길거리에 나앉았던 그 시기에 대해서는 아무도 이야기하지 않는다. 차베스 이후, 친러 반미정책으로 경제봉쇄 및 금융제재 플러스 석윳값 하락에 이은 경제 여파 등에는 아무런 설명이 없다. 1차 산업만 바라보고 있는 베네수엘라와 3, 4차 산업에 집중된 대한민국 경제구조의 차이점도 일언반구 없다. 심지어는 베네수엘라가 최저임금을 인상해서 나라가 망했다는 어처구니없는 주장까지 서슴없이 한다. 노벨상 수상자들이 최저임금 인상을 왜 요구하는지도 모를 사람들이다.

OECD 국가 중 복지비용 지출 최하위권인 우리나라 현실을 외면하며 복지 비중 늘린다는 소리 하면 좌파, 포퓰리스트, 베네수엘라 이야기만 고장 난 녹음기처럼 틀어댄다. 결국, 국민의힘은 국민을 위해 정권을 잡으려는 것이 아니라 기득권층을 보호하기 위해서, 차베스 전(前) 20%의 베네수엘라 국민만이 배 두드리고 살던 그런 나라로 대한민국을 만들고 싶어 하는 것이다.

〈OECD 회원국 공공사회지출 GDP대비 비중(2018)〉

국가	GDP대비 비중
프랑스	31.2
벨기에	28.9
핀란드	28.7
덴마크	28.0
이탈리아	27.9
오스트리아	26.6
스웨덴	26.1
독일	25.1
노르웨이	25.0
스페인	23.7

그리스	23.5
포르투갈	22.6
룩셈부르크	22.4
슬로베니아	21.2
폴란드	21.1
영국	20.6
헝가리	19.4
뉴질랜드	18.9
체코	18.7
미국	18.7
에스토니아	18.4
슬로바키아	17.0
네덜란드	16.7
라트비아	16.2
리투아니아	16.2
스위스	16.0
아이슬란드	16.0
아일랜드	14.4
한국	**11.1**
칠레	10.9
멕시코	7.5

자료 : OECD, Social Expenditure - Aggregated data(2019. 1. 25)
멕시코는 2016년, 칠레는 2017년 수치

이재명이 성남시장, 경기도지사로 재직하며 펼쳤던 무상 교복, 친환경 무상급식, 무상 산후조리 등의 온갖 정책들이 당시 다 포퓰리즘이라고 공격받았지만, 지금은 다른 지자체에서 따라 할 만큼 좋은 정책으로 평가받고 있고 이를 두고 '이재명은 포퓰리스트다'라고 주장하는 사람도 없다. 과거 정책으로 공격을 못 하니, 이제부터 하겠다는 정책들에 대해 다시 포퓰리스트라고 공격하는 것이다.

여기에 대해 이재명은 이재명다움으로 "그래, 나 포퓰리스트 맞다. 국민이 좋아하면 그 정책을 실현시키는 게 정치인이 해야 할 일이다. 내가 세금을 더 내라고 했나, 빚을 냈나. 내가 해서는 안 되는 데 한 일이 뭔지 구체적으로 찍어보라고 하면 아무도 못 찍는다. 있는 것 아끼고 세금 안 내고 버티는 사람들 탈탈 털어서 재원을 마련해 추가 복지 지원했는데 그게 뭐가 나쁜가?"라며 반문했다.

이재명을 싫어하는 사람들도 이재명이 지금껏 해 온 것에 관해서는 "다른 건 몰라도 이재명이 일은 잘하지"라고 인정하고 있다. 이재명은 이걸 활용하라. 지금까지 한 것처럼 포퓰리즘 논쟁에 움츠러들지 말고 이재명다움으로 돌파하라. 내가 해 온 정책으로 자신을 홍보하라. 포퓰리즘 논쟁, 수세적 DNA를 가지고 있는 정치인에게는 어떨지 모르지만, 공세적 DNA를 가지고 있는 이재명에게는 절대 불리한 이슈가 아니다.

욕설 논란

이재명에게 끊임없이 따라다니는 도덕성, 인성 문제의 핵심이 바로 '욕설 논란'이다. 똥파리들이 편집하고 보수언론이 재생산하고 보수정당이 자신들 홈페이지에까지 올려 이재명을 공격했던 어찌 보면 이재명의 아킬레스건이다. 이재명으로서는 사과 이외에 마땅히 할 것이 없는 문제이기도 하다. 이 건에 관해서 이재명을 비호하며 형이 이권에 개입하려 하던 것을 막는 과정에서 발생했다는 사실관계를 설명하고, 말을 전하는 과정에서 한 이야기가 편집되어 악용됐다는 이재명의 해명도 할 생각이 없다.

가족의 일은 가족만이 알 뿐이다. 불행한 가정사를 정치적으로 악용하는 것 자체가 우리 정치 수준을 바닥으로 떨어뜨리는 일이라는 점을 말하고 싶다. 가지 많은 나무 바람 잘 날 없고 산이 높을수록 골도 깊기 마련이다. 금수저로 태어나 좋은 환경에 좋은 가정에 좋은 교육 받고 기득권으로 성장한 우아한 사람들이 삶의 현장 자체가 처절한 투쟁의 장인 서민들의 생활을 어찌 알 것인가?

📜 호소문

이재명 시장 가족 문제 더 이상 정치악용 말아주세요!

안녕하십니까! 저희는 이재명 성남시장 후보의 가족들입니다. 저는 5남 2녀인 7남매 중 둘째인 이재영입니다. 너무 마음 아프고 불편한 일이라 글을 어떻게 써야 할지 잘 모르겠습니다. 그래서 저희 가족들의 이야기를 제가 대신해서 쓰면서 저희들의 간절한 마음을 모아 호소 드리려고 합니다.

저희들 또래의 어린 시절 누구나 그랬겠지만 참 가난하고 힘들었습니다. 어머니 혼자 7남매나 되는 대식구를 산전을 일구고 막걸리 장사까지 해가며 키워 주셨고 아버지는 일찍 여의었습니다. 어려운 가정형편으로 우리 형제들은 예외 없이 진학하지 못하고 공장에서 일하며 어린 시절을 보냈습니다. 시장 후보인 넷째 이재명 시장도 마찬가지였습니다. 또래 아이들보다 체격이 작아 언제나 집안에 걱정거리였는데, 별 도리가 없었습니다.

넷째는 공장에 다니면서도 공부 욕심이 많아 공장일이 끝난 후 독서실에서 밤새워 공부하고, 아홉 식구가 쪽잠을 자는 단칸방 구석에서 혼자 5촉짜리 백열등을 켜고 공부를 하더니 제 힘으로 장학금을 받으며 대학을 갔습니다. 아는 분들은 다 아시겠지만 그때 프레스 사고로 산업재해를 당해 지금도 왼쪽 팔이 휘어 있습니다. 가족들은 넷째를 볼 때 언제나 얼굴보다 그 왼 팔이 먼저 눈에 들어옵니다.

넷째가 장학생으로 대학에 합격했을 때는 모처럼 가족들이 둘러 앉아 또 얼마나 웃고 떠들었던지 지금도 눈에 선합니다. 그냥 장학생이 아니고 생활비까지 지원받는 장학생이었습니다. 넷째가 장학금으로 셋째 재선이를 공부시켜 셋째도 대학생을 거쳐 결국 회계사가 되었습니다. 그랬던 가족들이었습니다. 풍족한 생활은 아니었지만, 어려운 형편이 오히려 가족들을 더 단단하게 만들어줬습니다.

우리 형제들은 지금도 별로 욕심이 없습니다. 청소부와 간병인 일을 하고, 공장을 다니고, 건설공사장 막일을 하고 있지만 만족하며 넷째 동생이 시장 일을 깨끗하게 할 수 있도록 어떤 욕심도 부리지 않고 열심히 살고 있습니다.

그런데 결혼을 하면서부터 갑자기 셋째가 사람이 바뀌었습니다. 주기적으로 이상한 행동을 하였고, 심지어 자신을 예수나 부처보다 위대하다며 아무에게나 욕을 하고 폭력을 행사하는 등 조울증과 정신질환 증세를 보여 정신과 약물치료도 받았습니다.

넷째가 시장이 된 후 셋째가 이런 저런 청탁을 하였는데 동생 시장이 단호하게 거절하고 아예 전화를 받지 않자, 셋째는 돈을 안 준다는 이유로 차마 입에 못 담을 폭언을 하고 십 년 가까이 인연을 끊었던 어머니를 2012년에 갑자기 찾아가 '동생에게 전화 연결 하라'며 집과 교회에 불을 질러 죽인다고 협박을 해 하는 수 없이 전화 연결을 해 주었다가 형제간에 심하게 싸운 일이 있습니다. 셋째는 국정원 직원을 만나고 또 국정원에 갔다 왔다며 넷째가 간첩이라 곧 국정원에 구속될 거 라는 등 이상한 말을 하며 종북 간첩 시장 퇴진을 주장하기도 했습니다.

그러다 셋째 부부는 결국 어머니께 자식으로서 결코 해서는 안 될 패륜을 저질렀습니다. 차마 입에 담기 어려운 험한 말로 살해 협박을 하고 그 처는 이에 동조하여 '살해 협박'을 한 셋째의 폭언을 '철학적 표현'이라고 두둔하며 어머니와 가족들을 능멸했습니다.

겁이 난 어머니께서 법원에 신청하여 100m 접근금지명령을 받았고 경찰에도 신변 보호를 요청했습니다. 어느 주일날 셋째는 어머니가 계신 교회에 불을 지른다고 위협하여 경찰 보호를 받으며 집으로 들어왔는데, 경찰이 잠시 집을 비운 사이 셋째 부부가 어머니 집에 쳐들어 가 살림을 부수고 어머니를 폭행해 다치게 하는 패륜을 저질렀습니다. 어머니는 가족 문제지만 너무나 두려워 경찰에 신고하였습니다. 그러나 나중에 셋째가 구속된다고 하여 선처를 호소해 벌금 500만 원으로 무마되었습니다.

7남매 키우시느라 당신의 청춘 다 보내시고 안 해 본 일 없으신 어머니입니다. 그 고생 때문에 이제 다리가 불편해 제대로 걷지도 못하는 가여운 어머니입니다. 셋째 부부의 패륜적 협박과 폭행 때문에 가족들 간 심한 말다툼이 벌어졌습니다. 어릴 때부터 유독 어머니가 안쓰러워하고 귀여워했던 넷째이고 또 어머니를 끔찍이 여기는 넷째였습니다. 잘못된 일이라 생각이 들면 참지 않는 성정의 넷째도 시장이라는 체면을 잊은 채 가만히 있을 수 없었을 겁니다.

셋째 부부의 패륜 행위 때문에 셋째 부부와 형제들 간 심한 말다툼이 여러 차례 있었고 셋째 부부가 말다툼을 녹음해 일부만 편집 왜곡해서 새누리당 측 인사들과 함께 공개해서 넷째를 몹쓸 사람으로 만들고 있습니다. 집안일이라 해명할 수도 변명할 수도 없는 넷째, 아무리 시장이라지만 얼마나 억울하고 가슴 아프겠습니까?

결혼 후 이상하게 변한 셋째 때문에 어머니와 형제자매들이 의사 소견서를 받아 연명으로 성남시 보건소에 진단을 신청한 일이 있습니다. 강제입원이 아니라 진단을 해서 정신과 치료가 필요하다는 것을 셋째 며느리에게 알려 치료를 받게 하려고 했습니다. 치료하지 않으면 상태가 점점 나빠져 나중에는 자살 등 심각한 상태가 올 수 있다는 정신과전문의의 의견 때문이었습니다. 그런데 셋째는 진단을 받지 않으려고 '시장인 넷째가 강제입원시켜 나를 죽이려 한다'고 난리를 쳐 시장인 동생의 입장이 난처해지자 넷째가 고민 끝에 못하게 해서 진단을 하지 못했습니다. 이것이 밝히기 힘들었던 저희 아픈 가족사의 전부입니다.

변호사로도 잘 나가던 넷째가 성남시장선거에 나선다고 했을 때 마음 속으로 많이 걱정했습니다. 정치라는 것이 얼마나 잔인하고 무서운지 귀동냥으로나마 들어왔기 때문입니다. 그러나 힘들게 당선이 되었고, 그 후 여러 어려움이 있었지만 꿋꿋하게 일해 나가는 모습을 보며 동생이지만 존경 스럽기도 했습니다. 어쩌다 한 번씩 어머니 모시고 형제간에 밥이라도 먹을라치면 몇 숟갈 뜨다 말고 전화 받으며 나가는 동생이 안쓰럽기도 했습니다. 그렇게 열심히 일한 동생인데, 가족이나 주변을 챙기지 않고 너무 일만 해서 오히려 섭섭하기까지 한 동생인데 어떻게 재명이에게 이런 일이 생기는지 답답할 뿐입니다.

국정원에 출입하며 동생을 간첩으로 몰고, 새누리당 공천받아 시의회 의장이 되겠다며 새누리당 의원들과 어울려 종북 시장 퇴진 운동에 패륜 행위까지 하는 셋째 부부도 문제지만 마음의 병을 악용하여 가족 불화를 만들고 정치적으로 악용하는 그들의 철면피함이 두렵기까지 합니다.

정치가 무엇이라고 이렇게 한 가족을 갈기갈기 찢어놓습니까? 가만히 놔둬도 그 기억 때문에 팔순 노모는 가끔 먼 하늘 보며 눈물 흘리십니다. 주무시다 갑자기 놀라서 벌떡 일어나기도 합니다. 그만큼 우리 가족에게는 힘들고 가슴 아픈 일입니다. 그동안 조용히 있으려고 했습니다. 가족 간의 불화가 사람들 입에 오르내리는 것 자체가 두려워 죄인처럼 숨죽이고 있었습니다. 앞에 나서서 재명이가 처한 어려움에 도움이 되고 싶기도 했지만, 그것도 오해를 받을까 봐 참고 참았습니다. 그러나 오늘 남편과 함께 시어머니에게 있을 수 없는 패륜 행위를 저지른 셋째의 처까지 불러내 또다시 그 일을 들먹이고 있습니다. 정말 너무하는 거 아닌가요? 부모에게 패륜한 가족과 다툰 넷째를 패륜으로 몰기 전에 패륜한 셋째 부부와 이를 조장하고 악용한 정치 세력과 국가가 더 나쁜 패륜 아닌가요?

간절히 부탁드립니다. 제발 저희 가족 일을 더 이상 정치적 목적으로 악용하지 말아주십시오. 권력이 아무리 좋아도 이렇게까지 잔인하게 해야겠습니까? 팔순 노모의 마음을 생각해보십시오. 열 손가락 깨물어 안 아픈 손가락 없다고 했습니다. 지금 어머니는 그 손가락이 다 문드러지는 아픔을 겪고 있고 우리 형제자매들도 마찬가지입니다. 제발 더 이상 저희 가족 문제를 정치에 악용하지 말아주시기를 간절히 바랍니다.

2014년 6월 2일
이재명 성남시장 후보의 어머니 구호명
장자 이재국 장녀 이재순 차남 이재영 차녀 이재옥 5남 이재문

여배우 스캔들

이재명은 민주당 당내 경선에서 이 문제를 집요하게 묻는 상대 후보에게 "바지라도 한 번 더 내릴까요?"라고 답했다가 후폭풍으로 지지율을 좀 까먹었다. 이재명으로서는 답답하기 그지없는 일일 것이다. 아니라고 해명해 봐야 "뭔가 있으니까 저 배우가 저렇겠지? 아무 일도 없는데 저러겠어?"라는 추론에 제대로 된 해명도 못 하고 당해왔기 때문이다. 그러다 김부선과 공지영의 녹취파일이 터지고 이재명은 이재명답게 치욕을 무릅쓰고 아주대 병원에서 특정 신체 부위에 '점'이 없다는 소견을 받은 것이다. 게다가 지방선거에서 이 건을 집요하게 물고 늘어지던 김영환은 경찰조사와 법정에서 자기 잘못을 시인했다.

이재명은 이것으로 모든 게 끝났다고 생각했을 것이다. 그러나 대권이 가까워지자 김부선의 입은 다시 활개를 쳤고 우리 언론은 이미 2018년 지방선거 때 그 말이 거짓임이 입증되었는데도 다시 아무런 사실 검증 없이 그녀의 말을 그대로 받아 지면에 실어줬다.《미디어오늘》에서 민주당 예비경선 후보 등록 기간을 시작으로 단 열흘간(6월 28일부터 7월 7일까지) '이재명'과 '김부선'이 키워드로 들어간 뉴스를 전수 조사한 결과 우리 언론은 무려 643건의 보도를 쏟아냈다. 이 보도 중, 김부선의 말을 펙트체크한 언론사는 단 하나도 없었다. 이재명으로서는 짜증이 나지 않을 수 없는 상황이었던 것이다.

마약 전과 4범 김부선의 숱한 거짓말들

김부선은 민주당 경선이 한창이었던 21년 7월 11일 자신의 페이스북에 "(이 지사가) 내게 (노 전 대통령) 49재 때 '거기 비 오는데 왜 가냐'고 했었지. 옥수동 내 집에서 만나자고 했었지, 내 기억력에 기겁하고 있겠지?"라고 주장했고 우리 언론은 사실 검증 없이 11, 12 이틀간 100건이 넘는 기사를 인용 보도했다. 언론이 안 하니 필자라도 펙트체크를 해봐야겠다.

김부선은 지난 지방선거 때 자신의 SNS에 "가짜 총각아! 2009년 5월 22일 어디 계셨나요? 당시 제게 전화했었죠. 내 집에서 만나자고요. 거기 비 오는데, 왜 노무현 대통령 영결식에 가냐고, 옥수동 집으로 가라고 했습니다."라고 적었다. 같은 내용으로 2018년 지방선거 때 바른미래당 경기지사 후보 김영환은 김부선에게 확인했다며, 국회에서 기자회견을 열고 "노무현 전 대통령 서거 때 비가 엄청 오던 날 (이재명 당선인이) 전화를 걸어왔다. (내가) '봉하에 가는 길이'라고 했더니 (이 당선인이) '거길 비 오는 데 왜 가냐. 옥수동에서 만나자'고 했던 놈이다"라고 증언했다고 전했다.

　　노무현 대통령의 서거일은 22일 아니고 23일이다. 당시 이재명은 노 전 대통령 서거 소식을 듣고 23일, 봉하에 내려갔으며 24일부터 29일까지는 상주(喪主) 자격으로 성남시 야탑 분향소를 지켰다.

　　김부선은 본인의 SNS에 5월 23일부터 다음 날까지 제주도 우도에서 관광한 사진을 올린 적이 있다. 김부선의 주장이 거짓으로 판명난 것이다. 김부선이 주장한 날짜에 오류가 있다고 판단한 김영환은, "22일은 김부선이 착각했다. 실제는 23일이나 24일일 것이다"라고 주장했으나 이도 맞지 않는다. 22~24일 3일간 비가 온 날은 23일 하루뿐인데, 이날 강수량은 0.1mm에 불과했다. 김부선의 말을 인용한 김영환의 이야기처럼 "비가 엄청 오는 날"은 없었던 것이다. 이렇게 김부선의 말이 거짓임이 드러나자 이번에 다시 5월이 아닌 7월로 날짜를 변경하고 노 전 대통령 서거일이 아닌, 49재 때라고 말을 바꾸어 나타난 것이다. 언론이 기본적인 사실 확인만 했어도 김부선의 일방적 주장을 그대로 지면에 실어주는 일은 없었을 것이다. 하긴, 우리 언론이 언제 사실 확인을 제대로 한 적이 있던가?

　　김부선은 2014년 《월간조선》과의 인터뷰에서 다음과 같이 밝혔다.

나중에 알고 보니, 삼성가(家)의 손자, 박정희 대통령의 아들 박지만 씨, 보사부 장관의 아들 등 당시 내로라하는 집안 아들들은 다 만났죠. 이 남자들이 나한테 관심을 보이는데, 정말 죽겠더라고요

위에 언급된 내로라하는 집안의 아들들과 함께 어울려 놀며 마약을 했다고 밝힌 것이다. 삼성가의 손자가 누구인지도 모를뿐더러 박지만 씨와 같이 마약 했다는 이야기도 믿을 수 없다. 설령 맞는다고 하더라도 삼성가의 손자나 박지만 씨가 저 사실을 인정할 리 없으니 펙트체크는 불가능하다. 단, 보사부 장관 아들은 누구인지 유추할 수 있다. 김부선은 위의 인터뷰에서 "보사부 장관 아들이 당시 백수였는데, 이 사람과 함께 히로뽕을 했고 이 사람의 아버지는 대마관리법을 만든 사람이다."라고 밝혔는데, 대마관리법은 1976년에 제정됐고 이때 보사부 장관은 신현확이다. 김부선 말대로라면 신현확의 아들과 히로뽕을 같이 했다는 이야기가 된다. 신현확의 아들 신철식은 경기고, 서울대, 스탠퍼드를 졸업하고 1978년 22회 행정고시 합격 후, 차관급인 국무조정실 정책 차장으로 공직을 마쳤던 인물이다. 김부선은 이런 사람과 1982년에 함께 히로뽕을 했다고 주장한 것이다. 이런 김부선의 일방 주장은 왜 우리 언론이 받아주지 않는지 모르겠다. 선택적 받아쓰기인가?

같은 인터뷰에서 김부선은 "아이의 아빠는 극장 오너다"라고 이야기했으나 최근 인터뷰에서는 "아이의 아빠는 재벌 2세다"라고 말을

바꿨다. 김부선의 이야기는 늘 이런 식이다. 이전 《딴지일보》와의 인터뷰에서는 과거 자신을 대마초 흡입 혐의로 구속한 검사가 변호사가되어 자신이 수감돼 있는 구치소로 찾아 와 다음과 같은 대화를 나눴다고 밝혔다.

"대마초와 히로뽕은 아직도 똑같은 마약이라고 생각하십니까?"
"대마초는 마약 아니다. 히로뽕 하는 애들 잡아다가 진술받으려면 애들 막머리 찧고 발광하면 대마초 압수한 거 있으면 멕여 진정하라고, 그럼 애들이 그거 피우고 며칠 폭 자고 순해져서 진술해."

독자 여러분은 이러한 이야기를 들은 적이 있는가? 영화에서도신빙성 떨어진다고 쓰지 않을 이야기를 김부선은 천연덕스럽게 했다.이뿐인가? 당시, 왜 국회의원은 구속시키지 않았느냐는 본인의 질문에 변호사는 이렇게 답했다고 전했다.

"당시 법무부 장관에게서 전화가 왔더래. 그래도 자기가 직접 구속시키겠다고 했더니 대통령 김영삼에게서 전화가 왔더래요. 어쩔 수없더래."

일개 검사 나부랭이에게 대통령이 직접 전화를 건다는 일도 믿을 수 없지만, 1989년 당시 대통령은 김영삼이 아니라 노태우였다는사실은 김부선이 어떻게 설명할지 모르겠다. 모 언론에서 이런 김부선의 주장이 사실인지 확인차 그 변호사에게 취재요청을 한 적이 있었는데, 이 변호사는 "김부선 씨와 관련된 이야기는 아무 말도 하고 싶지 않다"라는 답변으로 인터뷰를 거절했다.

이와 비슷한 이야기를 박주민 민주당 의원도 한 적이 있다. 내가 진행하는 라디오에 그를 섭외하고 김부선 관련 질문을 넣어 보냈는데, 박주민은 "김부선과 관련된 이야기는 아무 말도 하고 싶지 않다"라고 위의 변호사와 똑같이 대답했다.

황석정과의 충돌도 마찬가지이다. 일방적 폭로로 황석정을 비난했다가 사과했다가 다시 비난, 황석정은 일체 자신의 견해를 밝힌 적이 없다. 비슷한 일을 겪으면 이렇게 다들 피할 수밖에 없는 것이다.

2017년 9월에는 자신의 SNS에 본인이 안철수를 지지해서 문재인 정부의 블랙리스트 1호가 되어 일이 끊어졌다며 문 정부를 비난했다. 박근혜 정부가 블랙리스트로 무너졌는데, 문재인 대통령 취임하고 5개월 만에 블랙리스트를 만들어 한 배우의 밥줄을 끊었다는 것을 믿을 사람이 있을까?

이재명에 대한 거짓말

김부선은 이재명과 연애를 했다며 만난 기간을 어떨 때는 9개월, 어떨 때는 12개월, 또 다른 데에서는 15개월이라고 밝혔다. 몇십 년 전 일도 아닌데 입을 열 때마다 다른 사실을 말한다? 필자 상식으로는 납득할 수 없다. 또, 동갑내기 정치인과 사귀었다고 밝힌 적도 있는데, 이재명과 김부선은 3살 차이로 김부선이 연상이다. 21년 경기도 국감장에서 국민의힘 서범수 의원이 김부선의 목소리가 든 파일을 틀어 여당 의원들이 항의하는 해프닝이 있었다. "당신은 63년생 토끼띠라고 얘기했어. 조직도 없고 힘도 없고 빽도 없다고 정치 못 하겠다고 울었지."라고 주장했는데, 김부선의 주장이 맞는다면 김부선은 이재명의 나이를 알고 있었다는 이야기가 된다. 그럼 동갑내기 정치인과 사귀었다는 주장은 뭔가?

21년 4월, 김부선은 페이스북에 "2007년 12월, 대선 며칠 전 문성근 선배가 제게 '설악산 단체 겨울 산행 동반이 가능한지' 전화를 했었다"라며 "그때 제 곁에는 이재명이 누워있었다. 그분에게 '문 선배가 산행 제안한 것'을 자랑처럼 말했고 그분은 '잘됐다 좋은 분인데 사귀어 봐' 헛소리를 해서 대판 싸우고 5개월간 안 본 적도 있다"고 밝혔다. 당연히 문성근은 그런 사실이 없다고 밝혔다. 2014년 지방선거가 한창일 때는 문성근을 향해 "문성근 선배. 인간쓰레기 같은, 그런 넘을 지지하셨군요. 진짜 실망스럽습니다. 진짜 놀랍습니다. 그놈이 내게 무슨 짓을 했는지 잘 아시면서"라는 글을 적었는데, 이때도 역시 문성근은 "참 황당했습니다. 그때까지 김 씨가 제게 도움을 요청하긴커녕 그 사안에 대한 그녀의 주장조차 단 한마디 들은 적이 없는데, '잘 아시면서'라니!"라고 당혹스러움을 표했다.

2018년에 주진우 기자와 김부선의 녹취록이 공개된 적이 있는데, 그 내용을 잠깐 살펴보자.

주진우	"큰일 났어"
김부선	"큰일 났어?"
주진우	"어, 근데 '이재명 자중하시라. 하늘이 알고 있다' 이렇게 썼어"
김부선	"아니 그건 내가 너무 양육비를 탄 걸 안 탄 것처럼 얘기해서"
주진우	"그러니까, 이건 양육비 관련 소송이었잖아"
김부선	"사실관계가 아니어서?"

18년 지방선거에서는 "낙지 논란"이 있었다. 김부선은 "저희 집에 태우러 와서 이동하면서 바닷가 가서 사진 찍고 거기서 또 낙지를 먹고 그때 이분 카드로 밥값을 냈다"라고 밝혀 선거 국면을 격랑 속으로 집어넣었다.

당시 경찰이 이 발언의 진위를 조사까지 했으나, 낙지를 먹었다고 추측되는 가게에는 그 당시에 카드단말기가 없었던 것으로 드러났다. 더 나아가 식당 주인은 "만일 김부선 씨가 왔으면 내가 왜 기억을 못 하겠냐? 사진이라도 찍어달라고 했겠지. 기억나지 않는다"라고 증언했다.

이게 논파 되니까 김부선은 2007년 겨울, 당시 같이 바닷가에 가서 이재명이 나를 찍어 준 증거 사진이 있다며 페이스북에 사진을 올렸다. 그러나 그 사진은 김부선의 조카 김시내가 찍은 것으로 밝혀졌다. 이것도 논파 되자 또 다른 증거 사진을 들이밀었다. 이재명이 자신을 찍는 것을 찍은 사진이라는 것이다. 그러나 그 주인공은 한 지방지의 사진기자였다. 이것도 반증이 나오자 김부선은 "2010년에 맡긴 노트북(이재명과 연애한 증거가 들어있는 노트북)은 현재 싱가포르에 있답니다. 형사가 말해줬어요"라며 집착을 보였는데, 이에 분당경찰서는 "그런 일 없다"며 김부선의 주장을 일축했다.

함께 힘을 합쳐 이재명을 공격했던 공지영 작가와도 공지영의 전 남편과의 연애 진실 공방을 벌였는데, 이때 김부선은 다음과 같이 자신의 심정을 털어놓았다.

딸 낳고 30년간 비구니처럼 살았어요. 내 오래된 벗들은 나라에서 열녀문 주는 것도 아닌데 왜 그렇게 산이나 다니며 연애 한 번 안 하고 사느냐고, 우리 큰 언니는 세상에서 내가 제일 불쌍하다고 연인과 사랑하며 살아도 아쉬운데 부부가 가장 좋을 때가 3~40대인데 돌아오지 않을 애 아빠만 기다린다고 독수공방 누가 알아주냐고, 멍청하다고, 가엽다고 해요.

나라고 왜 사랑하고 싶지 않겠어요. 남자 성기 어떻게 생겼는지 누가 그려보라면 주전자나 솥뚜껑 그릴지도 몰라요. 웃픕니다. 성적으로 성직자처럼 살았단 말입니다.

30년간 비구니처럼, 성직자처럼, 남자 성기가 어떻게 생겼는지 모르게 살았다면서 이재명과 15개월 했다고 하는 연애는 어떻게 설명할 것인가? 또, 이재명의 성기에 점이 있다고 주장한 이야기는 어떻게 설명할 것인가? 그런데도 우리 언론은 검증 없이 김부선이 페이스북에 글만 쓰면 그대로 복사해서 기사로 양산해 낸다.

이뿐인가? 김어준이 본인에게 5억 줄 테니 누드 사진을 찍자고 제안했다고 주장했으나 김어준은 "5억 있으면 그런 걸 하겠냐?"라고 일축했다.

장자연 소속사 사장이 자신에게 성 상납을 제안했다고 TV프로에서 공개적으로 이야기했다가 허위사실 유포에 따른 명예훼손으로 벌금 500만 원을 선고받기도 했다.

허위사실에 의한 벌금형은 이때가 처음도 아니다. "독서실에서 노트북 훔친 학생이 어떤 거물의 괴물 아들이라는 정황이 드러났거든요. 피해자와 경비가 특정했어요. 지속해서 악의적으로 날 괴롭히고 선량한 주민들을 괴롭히는 그 엽기녀. 그녀 아들이라네요" 법원은 "김씨가 객관적인 근거 없이 자신과 갈등 관계에 있던 피해자들에 대한 허위사실을 적시해 명예를 훼손했다. 표현 내용 등에 비춰볼 때 죄질이 가볍지 않다"며 유죄를 선고했다.

지금까지 김부선의 숱한 거짓말들을 살펴본 독자들은 이 사건의 진실이 어디에 있다고 생각 드시는가? 김부선은 이재명에게 두 차례나 사과했다. 2010년 11월 15일, 자신의 공식 팬 카페에 "언론에 언급된 이니셜(의 인물)은 아니다. 소설 그만 써라. 그분께 죄송하다"라고 밝혔고 2016년 1월에는 이재명이 법적 대응을 언급하자 "양육비 문제로 고민을 하다가 이재명 변호사에 자문한 적이 있다. 이렇게까지 소란이 일어나서 참 당혹스럽다. 이재명 시장에게 미안하다. 이재명 시장과는 이런 일 외엔 아무런 관계도 아니다"라고 이야기하기도 했다. 언제까지 그의 세 치 혀와 손가락에 언론과 대중들이 놀아나야 하는지 모르겠다. 인제 그만 할 때도 되지 않았는가?

이와 관련해 이재명은 의혹과 논란이 불거지던 초반부터 지금까지 줄곧 하나의 입장이었다.

그녀는 대통령 후보 비서실 부실장이던 내게 양육비를 못 받았다며 도움을 요청해 시간이 없던 나는 도움을 주기로 하고 변호사 사무실 사무장에게 상담하도록 했는데, 성남 사무실로 찾아온 그녀를 상담한 결과 이미 양육비를 받은 것이 밝혀져 더 이상 양육비를 청구할 수 없는 것으로 결론 났다. 그럼에도 그녀는 소송해주길 바랐지만, 시간도 없는데 패소할 소송이라 거절했고 그게 매우 섭섭했던 모양이다.

김부선도 비슷한 이야기를 했다.

이재명 변호사님. 내 아이 아빠 상대로 위자료, 유산, 양육비 모두 받아준다고 하시더니 어느 날 행불되셨습니다. 덕분에 저 쫄쫄 굶고 있습니다. 어이하여 귀하는 거짓 약속을 하셨는지요? 내가 차영보다 못한가요? 차영이

월 1,200만 원씩 양육비 받을 때 나 이웃에서 상추 얻어먹었습니다. 당신 아주 무책임한 변호사 맞습니다.

마지막으로 김부선 씨에게도 하고 싶은 말이 있다. 백번 양보해서 당신 말이 사실이라고 치자. 그렇다 하더라도 가장 큰 피해자는 이재명의 부인과 그 가족 아닌가? 이제 정치권에 이용당하는 일은 그만하시라. 김영환이나 하태경이나 강용석이 당신을 끝까지 지켜줬나? 결국 정치적으로 필요하니 이용해 먹는 것이다. 딸과의 관계도 소원해졌다고 하니, 인제 그만 배우로서의 품격을 지키고 본래의 자리로 돌아가길 바란다.

대장동 의혹

부동산개발에 문외한인 얼치기 평론가, TV에 한번 얼굴 들이밀려는 가련한 변호사, 이재명 혐오로 똘똘 뭉친 똥파리들, 이재명만 아니면 된다고 생각하는 기레기들과 야당 정치인들의 합작품, 그것이 바로 대장동 의혹사건의 핵심이다.

국민의힘은 사건 초기에 "화천대유는 누구 겁니까?"라며 화천대유의 주인이 이재명인 양 선전했으나 자당 의원인 곽상도의 아들이 50억 원을 퇴직금으로 받았다는 사실이 드러나자 슬그머니, "이재명의 측근인 유동규가 뇌물을 받았으니 이재명은 더 큰 뇌물을 받았을 것이다"라고 프레임을 전환했다. 시간이 지나 이재명의 뇌물 고리가 나오지 않자, "알았다면 공범, 몰랐다면 무능"이라는 프레임으로 재전환하며 이재명 죽이기를 시전했으나, 진실은 변하지 않는다.

이명박 전 대통령과 당시 새누리당 국회의원, 새누리당 성남시 시의원들은 똘똘 뭉쳐 공공개발을 막았고 모라토리엄 선언으로 돈이 없었던 성남시와 이재명으로서는 민관 합동 개발이 당시로서는 최적의 선택이었다. 전임 시장의 100% 민간개발 방침을 민관 합동 개발로 바꾸고 사업계획 당시, 예상이익의 70% 수준인 4,600여억 원을 공공의 몫으로 확정하고, 이후 지가가 상승하자, 900여억 원을 추가로 민간사업자로부터 받아낸 것은 결코 비난받을 일이 아니다. 이재명보다 더 많은 돈을 시민에게 안긴 지자체장이 단 한 명이라도 있었던가? 박수를 보내진 못할망정 이걸 공격 카드로 활용하다니, 아무리 정치가 죽기 아니면 살기식의 전쟁판이라고 하더라도 고약하다고밖에 말할 수 없다. 이재명에게 죄가 있다면 지가(地價)가 앞으로 폭등할 것을 예측하지 못한 것밖에 없다.

경기도 국정감사장의 최대 화두는 초과 이익 환수 문제였다. "초과 이익 환수를 왜 하지 않았느냐?"라는 당시 주장도 어불성설이다. 협상에는 파트너가 있는데, 애초 설계가 이득이 나든 손해를 보든 성남시가 무조건 보장하게 되어 있었다. 그런데 갑자기 초과 이익 환수를 들고나오면 협상 파트너가 "네 알겠습니다"라고 하겠는가? 생각이라는 걸 하고 주장했으면 좋겠다. 특히, 그동안 부동산 초과 이익 환수라는 단어만 들어도 경기를 일으켰던 국민의힘과 조중동으로 대표되는 우리 언론들이 할 주장은 아니다.

오히려 잘 됐다. '분당파크뷰 특혜분양'을 막으려고 동분서주하다 별(전과)까지 단 전적이 있는 이재명이 이 위기를 기회로 활용하면 된다. 대장동 의혹 건으로 야당과 전 언론이 이재명을 물고 뜯었으니, 이제부터는 함부로 초과 이익 환수 반대, 분양가상한제 반대, 민간개발 찬성 논리를 펴지 못할 것이다. 대통령이 되면, 이재명의 평생소원인 부동산으로 불로소득 하는 사회구조를 뿌리부터 바꾸는 계기로 만들면 된다.

'위기를 기회로' 이재명이 항상 하던 이야기 아니던가! 경기도 국정감사를 수감하지 않고 도망갈 것이라는 예측을 보기 좋게 깨면서 돈으로도 살 수 없는 홍보 효과를 톡톡히 누렸다. 정치와 연애에서 가장 중요한 것이 바로 상대방으로 하여금 '나'라는 존재를 각인시키는 것이다. 국민 머릿속에 이미 이재명은 무의식적으로 각인되어 있다. 앞으로 그걸 끄집어내는 일만 남은 것이다.

문재인 정부의
부동산 실책

이재명으로서는 가장 뼈아픈 부분이다. 이재명의 실책은 아니지만, 민주당 소속으로 그도 무한책임을 질 수밖에 없다. 지난 재·보궐선거 패배의 원인도 부동산이었는데, 이번 대선의 화두 역시 부동산일 수밖에 없다. 특히 고가 아파트가 몰려있는 서울의 민심은 부동산 이슈가 그 핵심 의제일 것이다. 선거에서 가장 무서운 것이 동정심이고 그 다음은 보복 투표인데, 부동산은 문 정부 실책에 대한 민심의 준엄한 보복 투표 가능성을 높였다.

이것을 어떻게 극복할 것인가? 정책으로? 틀렸다. 얼마 남지 않은 대선을 앞두고 부동산 정책을 내 놓아봐야 현실성도 없고 국민도 믿지 않는다. 이재명의 대표 공약 중 하나인 기본주택정책도 획기적이긴 하나, 아직 시행해서 결과를 내어놓은 적이 없고 우리 국민은 기본적으로 주택을 소유하고 싶어 하는 욕구를 오랜 세월을 통해 켜켜이 쌓아왔다. 기본주택정책으로 부동산 민심을 돌리기엔 역부족이다.

100만 호 200만 호 이야기 해봤자 먼 미래 이야기고 '환상 속의 그대'일 수밖에 없다. 정책으로 민심을 돌릴 생각은 하지 말란 이야기다. 차라리 담보대출이나 전세대출 문제를 고리로 민심을 풀 생각을 하라. 앞서 이야기했듯 100만 호 200만 호는 뜬구름 잡는 이야기일 수 있지만 대출 문제는 수요자들이 체감할 수 있는 명제이다.

시간이 부족해 큰 정책보다 작은 아이디어가 더 통할 수 있다. 다주택자들의 부동산 대출이나 갭투자자들은 정책으로 묶고 1가구 주택 구매와 전세를 얻으려는 사람들에게는 대출을 풀어야 한다. 가계부채가 역대급인 것을 모르는 국민은 없다. 그러나 여전히 저금리 시대에서 1가구 주택자나 세입자들은 충분한 여력이 있다. 상환능력이나 계획도 없으면서 무분별하게 대출받는 국민은 존재하지 않는다. 국민을 믿고 꽉 묶인 대출 문제를 해결해야 한다. 그렇지 않으면 이 정부 들어와서 부동산으로 돈 번 사람은 이미 벌었으니 어쩔 수 없고, 늦게 집 사는 사람은 정책 때문에 묶여 '나만 소외된다'라고 생각할 것이다.

게다가 중도금, 잔금 대출까지 틀어막으면서 거기에 해당하는 사람들의 분노는 폭발 직전에 있다. 이 문제를 풀지 않고는 서울에서 민심을 회복하기란 쉽지 않다. 기재부 반대를 무릅쓰고서라도 이 부분은 전향적으로 생각해봐야 한다.

또 기회 있을 때마다 국민에게 진솔한 사과도 필요하다. 이재명의 잘못이 아니지만 그래도 사과하라. 부동산 문제만큼은 문재인 정부와 차별화하려고 하지 말라. 그럴수록 민심은 더 이반한다. 차별화하면 할수록 국민은 무책임하다고 느낄 것이다. 지도자의 리더십을 의심할 것이다.

부동산 문제와 관련해서 이재명이 할 일은 이 정부의 실정에 무한책임을 느끼고 당선과 동시에 제일 첫 화두로 부동산을 문제 삼겠다고 천명하는 일이다. 그래야지만 문재인을 지지하는 사람들뿐만 아니라 문재인 때문에 집값이 뛰어서 민주당을 심판해야겠다고 생각하는 사람들 마음도 잡을 수 있다. 일부러 차별화하려고 애쓰지 않아도 비주류 이재명에 대한 이미지는 이미 국민에게 각인돼 있다. 이재명으로 민주당 정권이 연장되어도 정권 교체라고 인식하게 된다는 말이다.

홈그라운드였던 서울

'김대중 서울 불패' 김대중 이후 서울은 민주당으로서는 항상 홈그라운드였다. 그러나 이번 대선판은 서울이 흔들린다. 21년 재·보궐선거 이후, 각종 여론조사에서 민주당 후보가 서울에서 앞서는 여론조사 결과를 좀처럼 찾아보기 어렵다.

LH 사태 이후, 악화한 민심은 좀처럼 회복할 조짐을 보이지 않고 있다. 그러나 천만 인구 서울을 포기하면 대선에 진다. 종래에는 "미워도 내 사랑" 하리라는 착각도 버려야 한다. 서울 밭이 예전 꽃 피고 새 울던 밭이 아니라 개간해야 할 동토라고 인식하고 처음부터 다시 시작해야 한다. 본격적 대선 국면에 접어들면 후보자는 전국으로 돌 수밖에 없는데, 과거에 민주당 후보들은 경기, 충청, 인천, 영남을 집중공략 대상으로 삼았다. 이번에는 서울을 집중공략지역으로 정하고 후보부터 지도부까지 총출동하여 성심성의껏 민심을 달래야 한다.

그나마 다행스러운 것은 조직은 갖추어져 있고 바람은 불 채비를 하고 있다는 점이다. 서울시 25개 자치구청 중, 민주당이 수장인 곳이 무려 24곳이고, 의회 의석도 90% 이상으로 압도한다. 돈으로 살 수 없는 조직이 서울 시내 곳곳에 포진하고 있는 셈이다. 이런 것도 활용하지 못한다면 수권정당이라고 할 수 없다. 조직은 가동하라고 있는 것이다.

또, 그동안 민주당에 냉랭한 바람만 보여주던 경기도가 이번만큼은 따스한 미소를 보내고 있다는 점이 다르다. 직장이나 학교는 서울이고 집은 경기도인 사람들이 부지기수인 현재의 상태를 충분히 활용해야 한다. 이재명의 안방인 경기도에서의 인기를 서울로 전이해야 한다. 바람은 순식간이다.

단 한 번도 쉬운 적이
없었던 선거

이재명에게 선거는 단 한 번도 쉬운 적이 없었다. 깃발만 꽂으면 당선되는 황금 지역구도 아니고 조금만 노력하면 당선증을 얻을 좋은 밭도 아니었다. 두 차례 선거(한 번은 지선, 한 번은 총선) 패배 후 세 번째 도전 만에 얻은 성남시장, 조직도 인력도 돈까지 없던 이재명으로서는 벅찬 싸움이었다. 당시 여권이 분열하지 않으면 패배할 수도 있었다.

재선 도전도 마찬가지였다. 변방의 장수, 그것도 토호나 지역유지 출신이 아닌 이재명으로서는 개인기로 돌파할 수밖에 없었고 대권 주자 반열에 올라 치른 경기도지사 선거도 마찬가지였다. 당시 이재명은 민주당 내 비주류 중의 비주류였고 당내 경선 경쟁상대는 주류 중의 주류인 전해철이었다. 당시 민주당 계열 인사 전원이 전해철을 밀었다고 해도 과언이 아닐 정도로 이재명은 세력이 없었다. 더군다나 그때부터 활개 친 똥파리들의 여론공작으로 인터넷 여론은 최악을 달리고 있었다. 그런데도 승리는 이재명의 것이었다. 이건 돈으로도 살 수 없는 이재명만의 자산이다.

　선거에서 패배도 해보고 악전고투 끝에 승리도 해보고 비방과 흑색선전이 난무한 진흙탕을 뚫고 나와 봐야 비로소 선거 승리의 해법이 보인다. 김대중은 4수 끝에 노무현은 승리보다 패배 전적을 더 많이 쌓은 끝에, 문재인은 본인이 지휘하는 각종 선거에서 판마다 깨지면서 대권을 거머쥐었다. 이번 선거도 너무나 큰 어려움이 예상된다. 그러나 한두 번 겪었나. 의연하게 맞서서 대권을 움켜쥐어라. 패배 경험 없이는 승리도 없다.

2장.

이재명은 이긴다

민주당 대권
승리 공식

IMF 여파, 보수정당의 분열, DJP연합, 거인 김대중의 정치 이력, 이 모든 것이 합쳐져 97년 대선에서 승리한 김대중, 이를 제외하고 노무현, 문재인의 승리 공식 중 하나는 지역이었다. 호남을 기반으로 하는 민주당 출신의 영남 후보. "호남에서 몰표를 받고 영남 표를 빼앗아 온다."

16대 대선에서 노무현 후보는 부산에서 29.85%, 울산에서 35.27%, 경남에서 27.08%를 받았는데 그 5년 전 김대중은 같은 지역에서 각각 15.28%, 15.41%, 11.04%를 얻는 데 그쳤다. 노무현이 김대중보다 배 이상의 표를 얻은 것이다. 18대, 19대 대선도 PK는 문재인에게 30% 후반대가 넘는 득표율을 안겼다.

그러나 같은 영남이어도 TK 지역은 다르다. 노무현, 문재인 후보가 PK 출신이었기 때문에 난공불락으로 여겼던 PK에서 30% 가까이 혹은 30%를 훌쩍 넘는 지지를 보였지만, TK는 여전히 민주당 후보에게 냉랭했다. 15대 대선에서 김대중 후보가 받아든 TK 지역 성적표는 대구가 12.53%, 경북이 13.66%로 10% 초반 지지율이었는데, 16대 대선에서 노무현 후보는 각각 18.67%와 21.65%를 받았고 문재인 후보는 18대 때 대구에서 19.53% 경북에서 18.61%를 획득하고 19대 때는 국정농단이라는 사태가 터졌는데도 대구, 경북 모두 21%밖에 기록하지 못했다. 이렇게 봤을 때, TK가 고향인 이재명은 문재인이 받은 20%를 넘어서 마의 구간이라고 할 30%가 넘는 지지율도 기대해볼 만하다. TK 출신인 국민의힘 김재원 최고와 김형동 의원이 TK에서 지속해서 이재명을 맹비난하는 이유가 다 있는 것이다.

그럼, "PK는 TK 출신인 이재명을 외면할 수도 있지 않은가?"라는 의문이 따라올 텐데, 대선을 제외하더라도 총선이나 지방선거에서 PK 지역의 민주당 득표율과 지지율은 꾸준히 상승했다. TK처럼 한쪽에 치우쳐 보수정당을 지지하지 않은 곳이 PK 지역이다. 이재명이 PK 출신이 아니라 하더라도 30% 중반의 지지율은 얻을 수 있다는 계산이 나오는 것이다. 민주당의 대권 승리 공식의 하나는 이미 완성되었다.

둘째, 민주당은 경기도에서 이기면 대권을 거머쥐었고 경기도에서 지면 대선에서 패배했다. 이재명은 경기도에서 지지 않는다.

셋째, 김대중은 DJP연합, 노무현은 수도 이전 공약의 논쟁적인 아젠다를 던져 대선판을 본인들 것으로 만들었고 이것이 승리의 원인 중 하나였다. 이재명에게는 기본시리즈와 전 국민 재난지원금 카드가 있다.

찬반양론은 중요하지 않다. DJP연합도 시끄러웠고 세종으로 수도를 이전한다는 공약도 표의 득실만을 따졌을 때는 좋은 공약이 아니었다. 그러나 그것이 승리를 가능하게 만든 원동력이 되었던 것만큼은 사실이다. 왜? 대선판에서 아젠다를 끌고 와서 주도하는 것 자체가 승기를 잡았다는 신호가 되기 때문이다. 박근혜가 경제민주화 화두를 던져 먹혀들었던 것과 같은 이치다. (그런 면에서 주 4일제 화두도 나쁘지 않다) 지금 대선판에서 기본소득과 전 국민 재난지원금만큼 시끄러운 정책이 없지만, 다른 후보들에게서는 그런 논쟁적인 정책이나 공약이 아예 보이지 않는다. 이재명 판으로 만들어야 승산이 있다. 연기를 잘하든 못하든 무대 위에 오래 서 있는 배우가 최후의 승자가 된다. 이재명과 민주당은 이 점을 명심해야 한다.

정권 연장이나 정권 교체나, K방역 성과와 남북평화

이번 대선에서 민주당 패배를 예측하는 사람들 논리 중 하나가 '정권 연장보다 정권 교체'를 원하는 여론이 더 높다는 것이다. 참으로 근시 안적인 분석이 아닐 수 없다. 여론조사가 체계화한 이후, 정권 말기에 역대 어떤 정권에서 정권 연장을 원하는 여론이 더 높았던가? 5년 단임제인 한국의 권력구조에서는 어떤 경우이든 정권 마지막에는 정권 교체의 여론이 더 높을 수밖에 없다. '정권 교체를 원하느냐 정권 연장을 원하느냐?'라는 설문 구조 자체가 어불성설이다.

혹 이런 여론이 사실이라 하더라도 민주당과 이재명은 겁낼 것 없다. 주류에서 비주류로 정권이 넘어갈 때, 우리 국민은 그것도 정권 교체의 일환이라고 생각한다. 민주당 주류인 김대중에서 민주당의 비주류인 노무현으로 넘어갈 때도, 한나라당의 주류인 이명박에서 비주류인 박근혜로 넘어갈 때도 우리 국민은 일종의 정권 교체로 인식했다.

이번 대선, 민주당의 후보 이재명은 누가 봐도 민주당의 비주류이자 아웃사이더이다. 경기도지사 선거 때도 대선 경선 때도 주류로부터 모진 비난과 박해를 받았다. 이 사실을 모르는 국민은 없다. 심지어 국민의힘 비상대책위원장 출신인 김종인마저 "이재명으로 바뀌어도 정권 교체다"라고 언급하지 않았던가! 그런 의미에서라도 이재명은 문재인과 노골적 차별화를 꾀해서는 안 된다. 정권 말기 40% 지지율을 꾸준히 내는 현직 대통령과 차별화하는 순간 문재인 지지자들은 이재명을 떠날 것이다. 현재 권력인 김영삼 대통령과 충돌한 끝에 당명을 바꿔 출마한 1997년 이회창 후보, 김영삼의 본거지인 PK는 이회창이 아닌, 이인제에게 표를 몰아줬다. "기권하면 했지, 김영삼 사진 짓밟은 이회창에게는 표를 줄 수 없다"라는 심리였다. 노무현과 차별화한 정동영도 보기 좋게 깨졌다. 이점을 간과해서는 안 된다. 다시 한번 강조해서 말하지만, 차별화를 하지 않아도 국민은 문재인과 이재명을 다르게 본다.

20년 총선을 얼마 두지 않은 2월과 3월, 집권 여당과 청와대는 마스크 문제로 골머리를 앓았다. 코로나바이러스가 빠르게 퍼지면서 집단 유행은 왔는데, 준비해 놓은 마스크가 없는 이른바 '마스크 대란'을 맞은 것이다. 언론은 온종일 마스크 문제를 집중적으로 다루었고 집권당의 지지율은 떨어졌다. 그러나 4월 들어 각종 공급정책으로 '대란'이라는 단어가 더 통용되지 않고 외국에 비해 한국의 코로나 대응이 수준급이라는 외신 발 기사가 쏟아지자 떨어지는 지지율은 금세 회복했고 민주당은 역대 한 번도 없던, 총선에서의 대승리를 거머쥐었다. 이번 대선도 결국 코로나 국면에서 치르는 코로나 선거이다. 과거처럼 집단군중 앞에서 멋들어지는 유세도 할 수 없고 조직력을 풀 가동할 수도 없다. 바꿔 말하면 코로나의 안정적 관리는 필연적으로 집권 여당의 승리를 부른다는 것이다. 오랜 거리두기로 벼랑 끝에 몰린 자영업자들의 외면으로 한동안 대통령과 민주당 지지율이 동반으로 흔들렸지만, 위드코로나로의 전환과 거리두기의 단계적 폐지는 돌아섰던 자영업자들의 마음을 돌리게 할 것이고 숨죽였던 한국인의 역동성은 다시금 끓어오르면서 집권당 후보를 지지하게 만들 것이다.

이런 시나리오가 완성되려면 조건이 있다. 첫째, 코로나바이러스의 안정적 관리, 둘째, 각종 소비 진작 정책 시행, 마지막으로 22년 설 명절 직전이나 21년 연말에 단행해야 할 전 국민 재난지원금 지급이다. 이 세 가지가 순차적으로 이뤄져야만 등 돌린 민심이 돌아온다. 홍남기 부총리가 또다시 아집을 부린다면 민주당과 후보는 모든 것을 걸고 싸워 쟁취해내야 한다. 쟁취해내지 못하면 후보직을 버릴 각오로 기재부 마피아와의 싸움에서 승리해야 한다. 대선 승리의 방법이 있는데도 외면하면 그 정당과 후보는 존재가치가 없다. 당과 후보가 혼연일체가 되어서 상처받은 국민 마음을 어루만져줘야 할 것이다.

2018년 봄, 문재인 대통령과 김정은 위원장의 만남으로 전 세계가 감동했다. 남북관계 악화로 17년 연말과 18년 연초에는 감히 상상

할 수도 없는 장면을 우리 두 눈으로 보았고 남북에 불어온 훈풍은 정치뿐만 아니라 경제, 외교에까지 영향을 미쳤다. 정상회담 두 달 후 지방선거에서 민주당이 전국에 민주당 깃발을 꽂은 원인 중 하나라고 말하지 않을 수 없다.

문재인 대통령 국정과제 중 하나가 남북관계의 평화적 복원이다. 임기를 마치면서 다른 건 몰라도 이것만은 꼭 이뤄내고 싶을 것이다. 종전선언의 화두도 바로 그렇게 나왔다. 현재 주변 국가의 역학관계나 자국 내 상황도 종전선언을 곧바로 외면할 상태는 아니다. 한국으로서는 다행스러운 일이다. 문 대통령이 길을 열어주고 이재명 후보가 이를 이어받으면 된다. 더는 한반도가 언제 터질지 모르는 화약고가 아니라 평화의 상징이자 교역의 풍성한 장소가 되리라는 청사진을 전 세계에 알려야 한다. 한국의 미래 먹거리는 북한에 있고 평화를 바탕으로 외국기업의 투자도 쏟아질 수 있다는 점을 국민에게 홍보해야 한다. 선거 전, 이런 좋은 소식이 들린다면 민주당의 승리는 어렵지 않다.

시대가 원하는 리더십

'대통령은 하늘이 낸다', '순천자(順天者)는 흥(興)하고 역천자(逆天者)는 망(亡)한다'라고 흔히들 말한다. 여기서 하늘이란 바로 백성이고 국민이다. 국민은 그 시대에 원하는 지도자상을 그릴 수밖에 없는데, 2017년 대선에서 국민이 원하는 리더십은 문재인과 같이 따뜻하고 안정적이며 절차를 중시하는 품성과 격이 있는 지도자상이었다.

그러나 문재인 정부 5년 동안 적폐 청산과 끝나지 않는 개혁 작업, 부동산값 폭등, 기약도 할 수 없는 기나긴 코로나의 터널로 대부분 국민이 지치고 곳곳에서 피로감을 호소하는 중이다. 이럴 때 국민이 바라는 지도자상이란, 강력한 카리스마로 국민을 맨 앞에서 이끌 수 있는 결단과 용기를 지닌 리더십일 수밖에 없다. 물태우로 불리던 노태우의 리더십에서 '조자룡 헌 칼 휘두르듯이' 개혁을 단행한 김영삼의 리더십으로 바뀐 바로 그때처럼 말이다.

이재명의 사이다는 시대가 원하고 있다. 국민은 일 잘하는 지도 자를, 취임과 동시에 김영삼과 같은 개혁을 단행할 그런 지도자를 기다린다. 이재명은 한다. 시대가 이재명을 부른 것이다.

이재명을 지지하지 않는
2030 남성과 여성 표

2030 세대는 역대 선거에서 민주당을 견인하는 세력이었다. 국민의힘 계열 정당이 당 자체가 노쇠하고 핵심 지지층이 60대 이상에 몰려있기 때문에 시간이 흐르면 민주당 세력이 이 사회의 주류가 되리라는 데 의심하는 사람은 없었다. 그러나 지금, 그렇게 말하는 사람이 아무도 없을 정도로 젊은 세대, 특히 남성 청년들이 민주당에 등을 돌렸다.

과거 일베를 중심으로 하는 극우 커뮤니티에서 지속적인 여성혐오 작업을 벌여왔어도 일반 청년 남성들은 그들을 별종으로 생각했지, 그 주장에 동화되진 않았다. 한데 '미투 열풍' 이후, '페미니즘 대통령'을 표방한 문재인 정권이 탄생하자 상황은 달라졌다. 여성가족부의 연이은 헛발질과 정부의 각종 양성평등 정책을 청년 남성들은 부당한 역차별로 인식하기 시작했고 메갈과 워마드가 활개 치자 조용히 자기들만의 세력을 키워나가기 시작했다. 여기에 기름을 부은 것이 부동산 정책과 평창올림픽 남북단일팀, LH, 인천국제공항, 조국이었다. 기성세대들이 이 문제들에 대해 이성적으로 설명하려고 해도 그들은 듣고 싶어 하지 않았다. 이 문제는 이성으로 접근해서 풀리는 게 아니기 때문이다. 그들이 아프다는데, 그들이 불공정으로 느낀다는데 다른 그 어떤 화려한 수식어와 미사여구로 그들을 설득할 수 있다는 말인가!

앞서 언급했듯 선거에서 동정심과 더불어 가장 무서운 것은 보복심이다. 2030 청년들은 투표로 민주당에 보복하고 싶어 한다. 이재명과 민주당은 이 부분을 잘 들여다봐야 한다. 정책으로 토라진 마음이 풀리지 않는다. 이성으로 설득할 수 있다는 생각도 버려라. 그들의 아픔을 이해하고 그들의 외침을 들으려고 노력하라. 이성이 아닌 감성으로 접근해야 그들이 돌아온다. 극우 정당이 좋아서 거기에 머무르고 있는 게 아니란 말이다. 무슨 말인지 모르겠나? 그러면 아무것도 하지 말라. 여성 표 얻자고 다양한 여성주의 정책 같은 거 내는 순간, 2030 남성들은 민주당과 이재명을 완전히 버릴 것이다.

2017년 대선에서 문재인 후보는 여성들의 압도적 지지를 바탕으로, 비호감도보다 호감도를 월등히 높일 수 있었다. 그러나 이번 대선의 민주당 이재명 후보는 호감도보다 비호감도가 월등히 높다. 이 비호감도가 높은 것에 가장 크게 이바지한 대상이 여성들이다. 이재명의 욕설, 여배우 스캔들, 당선 인터뷰에서 인이어를 확 빼는 장면 등 여성 유권자들이 호감을 줄 구석이 조금도 없다. 다행인 점은 국민의힘 후보도 호감보다 비호감이 더 높다는 데 있다(대선 후보들이 다 비호감도가 높으면 투표율이 떨어지고 이는 진보 진영에 불리하게 작용할 가능성은 있다).

출발선은 같다. 이제부터 비호감도를 낮추는 작업에 착수해야 한다. 정치방송이나 토론방송에 나가 정책을 홍보하는 일도 중요하지만 말랑말랑한 예능프로에 나가 여태껏 보여주지 못했던 부드럽고 따스한 면모를 보여주는 작업도 필요하다. 출연을 부끄러워해서는 안 된다(오랫동안 지켜본 이재명은 독자 여러분이 생각하는 것 이상으로 부끄러움이 많다). 시대적 사명을 띤 사람은 모든 것을 초월할 줄 알아야 한다.

각종 퍼포먼스와 이벤트도 선전의 도구로 활용해야 한다. 대선 시즌에는 후보가 누굴 만나는가, 언제 만나는가, 어디서 만나는가, 어떤 메시지를 보냈는가, 이런 것들이 다 표로 연결된다. 'DJ와 춤을'과 '노무현의 눈물'이 왜 통했는지 떠올려 보라. 그 어떤 정책보다 감성 한방이 호감도를 높이는 지름길이 될 수 있음을 자각해야 한다.

바보야 문제는 경제야!

21년 2월, 여론조사 전문기관 리얼미터가 《SBSBiz》 의뢰로 1월 31일부터 2월 2일까지 전국 성인남녀를 대상으로 조사한 결과 '경제 운영을 잘할 대선 후보'로 이재명은 오차범위 밖에서 1위를 기록했다. 두 달 뒤, 《조세일보》가 여론조사 전문기관인 엠브레인퍼블릭에 의뢰해 전국 만 18세 이상 1,011명에게 "경제 분야 국정과제를 가장 잘 수행할 것 같은 대권주자는 누구인가?"라고 질문하고 21년 6월 24일에 이를 발표했는데, 이 설문조사에서 이재명은 ▶경제발전과 일자리 확대 ▶서민 주거 안정 ▶부의 양극화 해소 ▶경제위기 관리체계 확립 ▶재정 건전성 강화 ▶금융시장 안정 ▶노사관계 개선 등 경제 분야 과제 7개 항목, 전 부분에서 다른 대권주자를 제치고 1위를 차지했다.

같은 기관에서 5개월 후, 같은 내용으로 다시 여론조사를 벌였는데, 이때도 이재명은 2위와의 격차를 크게 벌리며 1위를 차지했다. 일반 국민을 대상으로 한 경제 관련 설문조사에서 이재명은 거의 모든 조사에서 1등을 놓치지 않는다. 더 나아가 기업 대표들을 상대로 한 경제 분야 여론조사에서도 이재명은 1등이었다. 2019년 매일경제가 대기업 50곳과 중소기업 50곳 등 모두 100개 기업을 대상으로 "기업하기 좋은 환경을 위해 가장 큰 노력을 기울이는 민선 7기 광역자치단체장은 누구인가?" 하는 설문조사를 한 뒤 결과를 발표했는데, 이재명은 17개 지자체장 중, 당당히 1등으로 꼽혔다. 전문가들에게 물어도 일반 국민에게 물어도 경제는 이재명이 제일 잘 풀 거라는 대답이 공공연히 나온 것이다. 이것은 이재명에게는 더할 것 없는 자산이다.

대권 막바지로 가면 갈수록 결국 화두는 경제이고 '먹고사니즘'이다. 국민의힘 후보와 견주었을 때 가장 경쟁력 있는 이 부분을 우리 국민은 외면하지 않을 것이다.

3장.

개혁은 이제 시작이다

개혁은 김영삼처럼

박근혜의 국정농단과 촛불시위, 연이어 벌어진 대통령 탄핵 사건, 문재인 정부는 역대 대통령 1년 차 최고 지지율을 갈아치우며 높은 지지율로 출범했고 보수는 궤멸 직전까지 갔다. 대통령의 높은 지지율을 바탕으로 민주당은 지방선거, 총선까지 싹쓸이, 보수의 고립은 한층 심화했다. 게다가 민주당에는 안희정, 이재명, 박원순, 김경수, 조국 등의 차기 지도자들도 건재하게 대기하고 있었다. 해방 이후, 반세기 이상을 지속해서 누렸던 보수 기득권 집단의 몰락을 예언하는 사람까지 나올 정도였다.

하지만 이 모든 것은 일장춘몽이었다. 발에 차일 정도로 많다던 차기 지도자 중에 살아남은 것은 이재명 한 명뿐이고 대통령 지지율은 반 토막, 미니 총선이라던 재·보궐선거까지 참패했다. 이제 우리 국민 그 누구도 다음 정권 승리는 민주당이, 총선 과반 의석은 민주당이 떼어 놓은 당상일 거라고 예견하는 사람은 없다.

문재인처럼 높은 지지율로 정권을 시작했던 김영삼. 결국, 역사상 가장 인기 없는 대통령으로 그 끝을 맺었지만, 김영삼 말기는 IMF 시대였다. 지지율이 유지되면 그게 더 이상했을 정도다. 그러나 지금 문재인 정권 말기, 국민의힘이나 보수언론이 정치공세를 위해 억지 주장하는 것을 제외하고 데이터로만 살펴보면 이보다 더 좋을 순 없다. 코로나 위기 상황임에도 무역, 수출, 외화보유액, GDP, 경제 규모 순위 등 관련 데이터에서 역대 최고치를 경신하고 있다(물론, 양극화, 부동산, 체감경제, 일자리 부분은 비판받아야 한다). 그런데 이 정부는 왜 그 높은 지지율을 다 까먹었을까?

부동산 정책 실패, 플러스 개혁에 대한 피로감이다. 국정농단 사태로 집권해 개혁 작업은 당연사였고, 우리 국민은 전폭적으로 문재인 정부를 밀어줬다. 그러나 적폐 청산이라는 단어가 집권 4년 차까지 흘러나왔고 검찰, 경찰, 언론 개혁의 지지부진함에 국민의 인내심은 바닥을 드러냈다. "의석과 힘이 없어 일을 못한다"라고 호소하기에, 행정 권력에 지방 권력, 거기다가 의회 권력까지 몽땅 다 그것도 압도적으로 몰아줬는데, 결과는 '시끄러움'뿐이었던 것이다. 여기에 문 대통령의 병적인 법, 과정, 그리고 절차를 중시하는 모호한 태도가 더해져 전통적 민주당 지지층을 제외한 국민이 이 정부와 민주당에 준 애정을 회수한 것이다.

개혁은 지난한 작업일 수밖에 없다. 이 나라 기득권층은 현 집권당과 정부가 생각하는 이상으로 힘이 세고 끈질기다. 그들을 이겨내려면 취임 초, 높은 지지율을 바탕으로 한 김영삼과 같은 승부사적 리더십이 없으면 불가능하다. 국민은 기다려주지 않는다. 집권하라고 권력을 위임받았으면 위임자들에게 정치적 효용의 맛을 보여주어야 한다. 그것이 리더십이고 정치다. 그걸 못하면 정권을 다시 내줄 수밖에…

"이재명은 합니다" 슬로건대로 행동하라. 허니문 기간일 때 정신없이 개혁 작업에 매진한 후, 민생경제에 올인하라. 국민은 지지할 준비가 되어 있다.

인사는 만사

문재인 정부 최대 실패 중 하나가 인사정책이다. 노무현 정권 때 부동산 전반을 컨트롤했다가 실패로 물러난 김수현이 다시 등장해 실패를 반복했고 후임인 김상조도 별반 다르지 않았다. 여기에 전문성 없는 김현미, 유은혜, 황희, 권칠승 등의 임명은 문재인 국정철학이 저 인사를 통해 어떻게 실현될 것인지 의문만 남게 했다.

당과 끊임없는 마찰을 빚으며 곳간만 지키려 해 '홍 주사'로 불리는 홍남기도 그렇지만 최악은 단연코 감사원장 최재형과 검찰총장 윤석열이다. 임명직 공무원이 임명한 정부와 임명권자의 뒤통수를 후려갈기며 반대당 대통령 후보로 나오는 짓도 어이없으나 어쨌든 임명은 대통령이 했고 그 책임도 대통령이 져야 한다.

이재명은 이를 반면교사로 삼아야 한다. 대통령의 국정철학을 이해하지 못하거나 이와 함께 할 수 없는 사람은 임명 금물이다. '코드인사'라고 비판받아도 강행하라. 전 세계 그 어떤 정권에서 코드인사를 하지 않던가! 정권의 반대파나 제3지대, 혹은 '집권당 내 야당 세력들'에게 권력을 맡길 거면 뭐하러 집권이라는 걸 하는가? 뭣 하러 선거에서 이기려고 그 난리를 치는가 말이다. 그런 정부가 있다면 그게 비정상적이다.

110V에는 110V를 220V에는 220V 어댑터를 꽂아야 탈이 없다. 정치와 인사에는 '도란스'가 없다는 것을 명심하라. 코드인사하고 잘못되면 임명권자가 책임지면 된다. 영정조 때나 하는 탕평인사 따위는 집어치우고 나와 맞는 내 국정철학을 가장 잘 이해하는, 그래서 이 정부를 함께 책임지고 나아갈 그런 인사와 함께하라. 그것이 이재명도 살고 국민도 살고 대한민국이 사는 길이다. 반대하는 언론 따위는 신경 쓰지 마라. 언제는 언론이 이재명 편이었던가? 국민을 위한 반대가 아닌, 반대를 위한 반대를 일삼는 언론과 타협하는 것이 정부가 망하는 지름길이다.

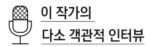

이재명은 준비된 대통령인가?

이동형　이재명이 대통령이 되어야 하는 이유는 무엇인가요? 이재명이 꿈꾸는 나라는 어떤 나라입니까?

이재명　제가 대통령 선거에 출마한 이유는 공정한 나라, 젊은 세대도 기회를 누릴 수 있는 성장하는 나라, 오늘보다 나은 내일이 있는 희망 넘치는 나라를 만들고 싶기 때문입니다.

　　　　　이런 나라를 만들기 위해 저는 직책이 아니라 권한이 필요합니다. 예를 들면 호미보다는 쟁기, 쟁기보다는 트랙터를 쓰는 게 농사짓기 더 수월하지 않습니까? 마찬가지로 시장보다는 도지사, 도지사보다는 대통령이 가진 권한이 변화를 만드는 데 더 도움이 될 것입니다. 기왕이면 더 나은 도구를 써보자 하는 차원에서 대선에 나왔다는 말씀을 드립니다.

　　　　　지금 우리의 현실은 격차와 불공정이 매우 심합니다. 이에 따른 저성장의 질곡이 깊어져서 또래와 경쟁이 아닌 전쟁을 치르게 되어 갈등과 분열도 심각한 상황에 이르렀습니다.

　　　　　시대적 과제인 공정성을 회복하여 저성장 위기를 극복하고 다시 성장하는 사회로 나아가야 합니다. 그러기 위해서는 대통령이 가지고 있는 권한이 매우 중요합니다.

이동형 정치를 해야겠다는 생각을 품게 된 이유와 시기는 언제입니까?

이재명 소년공 이재명이 인권변호사를 거쳐 시민운동가가 된 계기가 대학에서 5·18 광주민주화운동의 진실을 알게 되어서였다면, 시민운동가 이재명이 정치인이 된 계기는 공공의료 확보 운동이었습니다.

2003년 성남시 원도심에 있던 종합병원 두 곳이 폐업했습니다. 의료공백 사태가 벌어지게 생겼지만, 공공에서는 비용을 이유로 수수방관할 뿐이었습니다. 결국 시민들이 나서서 공공의료원 설립을 위한 운동을 벌였습니다.

성남시의료원 설립을 위해 20만이 넘는 시민께서 서명하시고 18,595명이 한겨울 혹한 속에서 지장을 찍어서 '시립병원설립조례'를 만들었지만, 당시 시의회가 47초만에 날치기 부결을 하는 만행을 저질렀습니다. 너무 황망해서 울면서 항의했는데 그 바람에 특수공무집행방해로 수배를 받았습니다.

수배를 피해 인근 교회 지하실에 숨어서 동료와 목 놓아 울었습니다. 종합운동장이나 체육시설 운영에도 연간 백수십 억씩 예산을 집행하는 건 투자라고 말하면서, 국민의 생명과 안전을 지키는 의료 영역의 재정 지출은 적자라고 표현하는 것을 도저히 용납할 수 없었습니다.

기득권 세력은 돈이 되지 않는다면 국민의 생명에는 일말의 관심도 가지지 않는다는 걸 절감했습니다. 눈물 밥을 먹으며 기필코 우리 손으로 공공의료시설을 만들겠다고 다짐했습니다. 2004년 3월 28일 오후 5시 정치인 이재명이 탄생하는 순간이었습니다.

이동형 국민이 이재명을 지지하는 이유는 무엇이라고 생각하십니까?

이재명 여론조사에 따르면 국민께서 정권 교체에 열망이 더 크지만, 동시에 저에 대한 지지도 높은 편입니다. 그것이 각기 다른 현상이 아니라 모두 변화에 대한 국민의 열망이라고 생각합니다.

예를 들어 많은 정치인이 선거철에 강이 없는 동네에 다리를 놓겠다는 식으로 공약합니다. 심지어 다리를 놓을 강도 만들겠다고 약속하고서 나중에 지키지 않으면 그만입니다. 주권자와 맺은 약속을 어겨도 어떤 책임도 지지 않습니다. 국민께서 정치 불신을 가지는 이유 중 하나라고 생각합니다.

저는 지킬 수 있는 약속만 하고, 한 번 한 약속은 반드시 지켜왔습니다. 선거철 정치인이 한 공약은 주권자와 맺은 가장 무겁고 사회적 약속이라고 생각하기 때문입니다.

성남시장과 경기도지사로 일하면서 실적으로 실력을 증명해 왔습니다. 곳곳에서 작은 변화를 많이 일으켜 정치가 바뀌면 내 삶도 바뀐다는 것을 많은 분께서 체감하셨습니다. 정치 효능감을 본 국민께서 이재명이라면 약속을 지키겠구나, 새로운 변화를 만들 수 있겠구나 믿어 주시는 거라고 생각합니다.

선출직 정치인은 권세를 누리는 자리가 아니라 주권자의 일을 대신하는 공복입니다. 저는 '머슴'이라고 이야기하고 있습니다. 가령 주인께서 일하라고 밭을 맡겨 놓았는데, 일을 잘하는 것 같으면 더 큰 일을 맡기지 않겠습니까? 그것과 같은 이치라고 생각합니다.

정치는 정치인이 하는 거라고 착각하기 쉽지만, 사실은 주권자인 국민께서 하는 일입니다. 선택과 판단은 국민께서 현명하게 하시리라고 믿고 1분 1초를 아껴 최선을 다하는 모습에 지지를 보내시는 거라고 믿습니다.

이동형 김대중, 노무현, 문재인과 비교하여 이재명 정부의 시대적 과제와 리더십의 특징을 밝혀주십시오.

이재명 김대중, 노무현, 문재인 정부가 처한 상황과 소명이 각기 다르기에 일률적으로 비교하는 것은 적절하지 않다고 생각합니다. 또한 지금까지 세 차례 이어온 민주 정부는 각자 따로 만들어온 게 아니라 앞선 민주 정부의 토대 위에 후속 민주 정부가 이어오고 있습니다. 따로 또 같이 볼 필요가 있다고 생각합니다.

4기 민주 정부인 '이재명 정부'의 가장 중요한 시대적 과제는 공정성을 회복하여 다시 성장을 이끄는 것입니다. 즉, 대전환의 시기를 맞아 '전환적 공정 성장'으로 위기를 돌파하여 대한민국의 다가올 백년 을 준비해야 할 소명을 가지고 있다고 생각합니다.

지금은 대전환의 시기입니다. 코로나19 이후의 시대는 이전과는 질적으로 달라질 것입니다. 기술혁명에 따른 4차 산업혁명도 시시각각 현실로 다가오고 있습니다. 반 발짝 뒤처지면 끌려가지만, 반 발짝 앞서면 추격국가를 벗어나 선도국가에 진입할 수 있습니다. 이런 시기에는 관리형 리더십이 아닌 위기 돌파형 리더십이 필요합니다. 이번 대선에서 제가 바로 그 적임자라고 확신합니다.

새 술은 새 부대에 담아야 하는 것처럼 대한민국의 미래를 위해 '대전환'이 필요합니다. 그러려면 변화를 거부하는 기득권 세력에 맞서 국민을 믿고 과감하게 나아가야 합니다.

일부에서는 "과격하다"라고 비난하지만 저는 두려움에 맞서 '용기'를 가지고 실천하는 것으로 생각합니다. 누구도 가본 적 없는 미래로 나아가는 '첫 길을 여는 사람'인 동시에, 국민의 곁에서 동행하는 '공복'이 '전환적 공정 성장 시대'의 리더십, 즉 새로운 대한민국의 대통령상이라고 생각합니다.

이동형　기초, 광역 단체장을 거치면서 느낀 공직사회의 문제점과 대통령이 되었을 때의 정부 혁신의 방향에 대해서 생각하신 게 있습니까?

이재명　혼자 배를 몰고 갈 수는 없습니다. 방향을 잘 설정하는 유능한 선장은 기본이고, 선장의 지시를 명확하게 이행할 수 있는 유능한 선원도 꼭 필요합니다.

공직사회도 마찬가지입니다. 성남시장과 경기도지사를 지내며 느낀 점은 우리 공직자들이 무척 유능하다는 것입니다. 다만 이분들의 유능함을 잘 살리기 위해서 공직자들의 특징을 이해할 필요가 있습니다.

막스 베버는 "공무원에게는 영혼이 없다"는 말로 관료제의 특징을 설명하고 있습니다. 우리 공직자들이 넋이 나갔다는 말이 아니라 시장이나 도지사, 대통령처럼 수장의 정책 의지를 반영하여 행정으로 구현·집행하는 훈련이 잘되어 있는 전문가 조직이라는 뜻입니다.

저는 이런 공직사회의 특징을 '로보트 태권브이'로 설명하고 있습니다. 똑같은 로봇이지만 누가 타느냐에 따라 성능이 달라진다는 이야기입니다. 실적으로 실력을 증명한 이재명이 타면 그만큼 유능함을 발휘해줄 거라고 확신합니다.

결국 해답은 방향을 잘 설정하고 공직자들이 자기 능력을 다 발휘할 수 있도록 하는 것입니다. 이를 위해 인사권을 잘 사용해야 하고, 신상필벌을 분명히 해야 합니다. 소극 행정 하는 일이 없도록 정치인이 책임을 지는 것도 중요합니다. 자부심을 느끼며 일할 수 있도록 하는 일도 무척 중요하다고 생각합니다.

이동형 미중 갈등이 고조될 것으로 보이는데, 한반도를 둘러싼 동북아 외교의 기본방향과 대북 관계를 어떻게 할 것인지 말씀해 주십시오. 대통령이 되면 북한을 방문하실 의향은 있으십니까?

이재명 기본방향은 국익 중심의 평화 실용주의입니다. 외교적 사안에 따라 국익과 평화를 중심에 두는 실용적 접근을 취해야 합니다. 따라서 유일한 동맹인 미국과 전략적 협력관계인 중국 사이에서 고민 없이 어느 한쪽을 선택해 운신의 폭을 좁힐 이유가 없습니다.

북한과의 관계도 마찬가지입니다. 국익 중심의 실용주의적 관점에서 한반도 운전자론을 주창한 문재인 정부를 계승해 조건부 제재 완화(스냅백)와 단계적 동시행동 방안을 구체화해 북핵 문제를 해결하고 한반도 평화를 정착시키겠습니다. 필요하다면 김정은 위원장도 직접 만나 문제를 풀겠습니다.

'한반도 평화경제체제'를 수립해 평화가 경제발전으로 이어지고 경제협력이 평화를 공고히 하는 '평화와 경제의 선순환 체제'를 구축하겠습니다. 김대중 정부의 햇볕정책, 노무현 정부의 평화번영 정책, 문재인 정부의 한반도 평화 프로세스를 계승 발전시켜 남북의 공동번영을 향해 나아가겠습니다.

국익 중심의 평화 실용주의 외교는 한일관계, 신북방·신남방 정책 등 모든 외교관계에 적용될 것입니다. 동북아시아를 넘어 아시아 전역, 국제무대에서 세계를 주도할 수 있는 외교 역량을 확보하겠습니다.

대전환의 시대에 한반도 평화경제 체제를 구축하고, 국민 삶에 기여하는 국익 중심의 실용 외교를 추진하는 것은 결코 쉽지는 않습니다. 하지만, 확고한 철학과 소신, 과감한 결단력과 실천력으로 평화와 풍요의 대한민국의 미래를 위해 담대하게 나아가겠습니다.

이동형　　진보정권은 경제성장 정책이 없다는 비판을 많이 듣게 됩니다. 공정

성장도 방법론이지 성장 담론으로 보기 어렵다고 합니다. 신성장 산업에 대한 공공투자 같은 발상을 해보신 적이 있습니까?

이재명 공정 성장이 성장 담론이 아니라고 하는 데는 이견이 있습니다. 격차와 불공정이 우리 사회의 위기와 갈등을 만들고 있습니다. 공정성을 회복하면 편중된 사회적 자원이 효율을 발휘할 수 있게 되고, 성장을 통한 기회 확대로 이어질 것입니다. 즉, 저성장 악순환에 대비되는 선순환이 도미노처럼 연쇄적으로 이루어질 수 있다는 것이 '공정 성장'의 핵심입니다.

공약을 통해 발표한 '전환적 공정 성장'의 핵심 요소 중 하나가 신성장 산업에 대한 대규모 공공투자입니다. 대전환의 시기에 개별 기업에서 변화하는 산업 환경에 맞추어 개별 투자를 하다 보면 성장 동력을 잃게 될 것입니다. 과거에 신작로를 까는 것처럼 국가가 나서서 탈탄소 에너지 전환 등 각종 미래산업 분야에 대한 대규모 인프라 구축을 해야 합니다.

이동형 선진국에 진입했음에도 불평등과 양극화는 심해지고 있습니다. 양극화를 해소할 획기적인 정책은 없습니까?

이재명 격차와 불평등, 극단적인 양극화는 사회가 불공정하기 때문입니다. 불공정한 사회에서는 사회 자원이 편중되고 기회 총량도 줄어들게 됩니다. 기회가 줄어들다 보니 경쟁이 치열해집니다. 후발 주자인 젊은 세대는 친구들과 경쟁이 아닌 전쟁을 하게 되고 이것이 바로 우리 사회에 첨예한 갈등을 일으키고 있습니다.

악순환의 고리를 끊는 해법은 문제의 본질에서 역순으로 되짚어가며 선순환을 일으키는 것입니다. 저는 우리 사회의 공정성 회복이 바로 효과적이며 유일한 해법이라고 확신합니다.

먼저 대기업과 중소기업, 정규직과 비정규직 등 우리 사회에 만연한 불균형을 해소하여 갈등을 통해 낭비되는 자원의 비효율성을 효율적으로 사용할 수 있도록 전환하는 것입니다. 이것이 공정성 회복을 통한 성장, 즉 '공정 성장'의 핵심 요지입니다.

동시에 사회적 격차를 해소하기 위해 경제적 기본권을 확대해야 합니다. 기본소득이나 기본금융, 기본주택 등 국민 누구나 인간다운 최소한의 삶을 누릴 수 있도록 국가가 보장해야 합니다. 이는 단지 복지적 성격뿐만 아니라 가계 가처분소득이 시장으로 나오도록 유도하는 효과, 즉 '경제 순환'을 일으켜서 저성장을 극복하는 단초가 될 것입니다.

이동형 기본소득, 기본주택 외에 기본 시리즈를 준비하고 있는 것이 있다면 밝혀주십시오.

이재명 곧 순차적으로 발표할 기회가 생길 거로 봅니다. 경선을 치르며 함께 선의의 경쟁을 펼친 다른 후보님들의 좋은 정책을 받아들이고, 당의 정책도 함께 수렴하여 4기 민주 정부 수립을 위한 정책을 가다

듣는 중이기 때문입니다.

다만 기본적으로 정책은 아이디어 경연대회가 아니기 때문에 기존에 없던 새로운 것을 내놓는 것도 중요하지만, 이미 발표한 기본소득, 기본금융, 기본주택을 더 내실 있게 가다듬고 완성도를 높이는 일도 중요하다고 생각합니다.

가령 기본소득 같은 경우, 일부는 전 국민 기본소득을 도입하고, 또 다른 한편으로는 부분적인 기본소득을 도입하고자 합니다. 청년 기본소득과 연금 수령 직전인 분들께 노인 기본소득을 지급하는 등, 각 분야와 연령으로 점차 범위를 확대하면 결국 전 국민 기본소득이 가능할 거로 생각합니다.

이동형 권력구조 개편을 중심으로 한 개헌에 대한 입장을 밝혀 주십시오. 자치분권 개헌에 대한 가능성과 연임제 개헌에 대한 입장도 부탁드립니다.

이재명 87년 체제 이후 35년 가까이 된 시점에 시대의 변화에 따른 개헌은 필요합니다. 사실 87년 체제가 30년이 되는 촛불혁명 직후가 개헌에 좋은 시점이었지만, 인수위도 없이 출범한 문재인 정부는 탄핵국면 수습과 개혁 등 해결해야 할 과제가 너무 많았습니다.

국면을 수습한 뒤 국회에 개헌안을 제출했지만, 국민의힘 등 야당의 정치적 공세와 갈등의 소재로만 활용될 뿐, 실질적이고 의미 있는 논의는 제대로 이루어지지 못했습니다. 정말 안타까웠습니다.

개헌에서 권력구조 개편은 빠질 수 없는 주제입니다. 개인적으로는 책임정치를 구현하는 권력구조가 바람직하다고 생각합니다. 하지만, 합의가 이뤄지기 어려워 보여 전망은 매우 부정적입니다.

대안은 합의해야 하고 합의될 수 있는 것부터 순차적으로 고쳐가는 것이라고 생각합니다. 예를 들어 기후위기에 대응하기 위한 탄소세, 국민의 기본권 강화 등 시급한 민생과 개혁의 중요한 과제부터라도 추진해야 한다고 생각합니다.

자치분권 개헌은 그런 관점에서 합의할 수 있다고 봅니다. 헌법에 자치와 분권의 정신뿐 아니라 지방정부의 실질적인 권한을 담아야 한다는 생각입니다. 자치입법, 자치재정, 자치조직 등 3대 자치권을 보장하고 국가와 지방, 지방 상호 간 권한과 사무 배분에 보충성과 포괄성의 원칙이 작동하게 만들어야 합니다.

균형발전도 피할 수 없는 생존과제가 되었습니다. 수도권에 자원이 집중된 비효율적인 구조로는 지속 가능한 발전을 담보하지 못하기 때문입니다. 행정수도 이전을 완성해 수도권 집중을 완화하고 사회 역량과 잠재력을 발휘할 수 있는 전환점이 될 것입니다.

2부.

김성회

1장.

지금의 시대는 누구를 부르는가

시대정신을 만들어가는 사람이
대통령이 된다

2022년 3월 9일 저녁, 대한민국 제20대 대통령 당선인이 자택을 나오며 쉴 새 없이 터지는 카메라 플래시 속에서 자못 들뜬 목소리로 당선 소감을 밝힐 것이다. 그 주인공은 누구일까?

더불어민주당 이재명 후보일까 아니면 국민의힘 윤석열 후보일까? 대선 레이스 도중 온 나라를 시끄럽게 하는 일로 후보가 바뀌어서 전혀 다른 후보가 될까? 여론 움직임의 속도가 갈수록 빨라지는 대한민국에서 몇 달이나 남은 투표일까지 어떤 일이 일어날지 속단하기 어렵다.

분명한 건 치열한 당내 경선과 본선, 여론의 검증 등 지난하고 험난한 과정을 거쳐 당선자의 자리에 오른 그를 승리로 이끈 가장 큰 힘은 '시대정신'이라는 점이다. 시대정신에 가장 근접한 후보가 대한민국 20대 대통령이 될 것이다.

대선 승패를 가르는 변수는 수없이 많다. 수십 년간 대한민국 정치의 주요 변수였던 지역주의를 둘러싼 구도가 어떤지, 세대별 투표 성향과 투표율은 어떤지, 어떤 이념적 쟁점이 형성되고 그 쟁점은 어떤 영향을 미치는지 등이 핵심 변수로 꼽혀왔다. 최근에는 '반페미'로 요약되기도 하는 젊은 남성들의 정치 성향과 남녀 대결 구도가 주요 요인으로 꼽히기도 한다. 각 변수에 대응하는 후보들 선거전략이 얼마나 유효적절했는지가 승패에 큰 영향을 미치며, 후보의 말실수나 친인척문제 등 돌발변수들이 크게 작용하기도 한다. 근래에는 큰 영향을 미친 적이 없지만, 남북 사이의 돌발변수가 작용하는 때도 있었다. 세부적으로 따지고 보면 수십 수백 개 요인들이 영향을 미치며 각각이 맞물려 서로 상승작용을 만들기도 한다.

그러나 조금 긴 호흡으로 보면, 대통령을 만든 가장 큰 요인은 결국 시대정신이었다. 달리 말해 대선 승리의 결정적 요소는 누가 더 시대정신에 가까운 후보였냐이며, 누가 더 시대정신을 잘 구현해냈느냐이다. 1987년 직선제 쟁취 이후 대통령 당선인과 시대정신은 대부분 동행했고, 당선자는 시대정신에 가장 근접한 후보였다. 반대로 시대정신을 담아내지 못한 후보가 당선된 경우는 드물었다.

여기서 잠시 의문이 들 수 있다. 지난 2012년 18대 대선에서 승리한 박근혜 전 대통령도 시대정신에 부합하는 후보였냐는 것이다. 10년이 지난 지금 시점에서 보면 그가 시대정신에 근접한 후보였다고 평가하긴 어렵다. 임기 내내 끝없는 독선과 불통, 무능과 무책임이 지속되었고, 그 뒤에 최순실에 의한 국정농단이 있었다는 것이 밝혀져 결국 탄핵으로 마무리되었기 때문이다. 하지만 당선 전 선거운동 기간에 그가 얼마나 시대정신에 가까웠는지와 당선된 후의 국정운영이 얼마나 시대정신에 부합했느냐는 별개의 문제이다.

정치에서 시대정신은 국어사전 정의와는 다소 차이가 있다. 사전적으로 '정신' 또는 '정신적 경향'이 핵심 키워드라면 정치에서는 '가치'라는 키워드가 그 자리를 대신한다. "한 시대를 살아가는 사람들의 꿈과 희망, 그리고 추구하고 실현하고자 하는 가치"라고 한 체 게바라의 규정이 대표적인 예다.

시대정신은 어떻게 알 수 있을까. 시대정신이 출발하는 지점은 '그 시대 사람들이 무엇을 요구하느냐'이다. 해당 시기 대중들의 요구와 동떨어진 가치는 당연히 대중의 공감을 사기 힘들다. 2002년 대선에서 새누리당의 전신인 한나라당 대선후보로 나선 이회창은 '대쪽'이라는 자신의 별명답게 '나라다운 나라'라는 슬로건을 내걸었다. 그가 지향한 가치는 '법치국가' 또는 '법대로'였다. 당시는 김영삼, 김대중 정부를 거치며 절차적 민주주의가 자리를 잡던 때였고, '참여 민주주의로의 심화'라는 요구가 떠오르던 시점이었다. '법치국가'는 이런 시대적 요구와 동떨어진 것이었으니 국민의 공감을 얻기 힘든 건 당연했다. 특히 아들의 병역문제는 그에게 치명타가 됐다. 자신이 표상하는 가치가 '법'이었기 때문에 병역법을 어겼다는 의혹은 그가 상징했던 '법대로'라는 가치를 근본부터 흔들어버렸던 것이다.

시대정신을 찾는 문제는 정답을 맞히는 시험이 아니다. 시대정신은 대중들의 공감을 끌어내는 과정을 통해 정치가 만들고 완성해가는 가치이다. 이는 정치인과 시대정신의 관계에서 중요한 점을 시사한다. 정치인이 살아온 삶의 궤적이 자신이 주창하는 시대정신과 동떨어져 있으면 대중들의 공감을 끌어내기 힘들다는 점이다. 선거에서 승리하지 못하는 건 말할 것도 없이 당연하다. 김대중 대통령이 '수평적 정권 교체'라는 시대정신을 내세우며 대통령이 될 수 있었던 것은 그가 전 생애에 걸쳐 군부독재에 저항해 살아왔기 때문이다. '김대중=정권 교체'라는 등식이 성립했던 것이다.

지금, 어떤 시대정신을 가진 대통령을 원하는가

2022년 대선을 앞둔 지금, 대중들이 추구하고 실현하고자 하는 가치 즉 시대정신은 무엇일까? 당연히 그간 없던 어떤 새로운 가치가 시대정신으로 떠오를 수는 없다. 지금까지 공감을 이루지 못하던 가치에 대중들이 몇 개월이라는 짧은 시간 동안 모여들 수는 없기 때문이다. 지금 경합하는 가치 중 하나가 대선으로 가는 길 속에서 대선후보들과 짝을 이뤄 현시점에 가장 중요하다고 생각하는 주류적인 가치로 자리 잡게 될 것이다.

이번 대선의 시대정신이 될 것으로 예상되거나 언급되는 몇몇 후보들이 있다. '정권 교체', '불평등과 양극화 해소', '기후위기 대응, 탄소중립', '공정과 정의' 등등이다. 이 시대정신은 해당 시기 대중들이 공통으로 추구하는 가치임과 동시에 정치인이 대중 속에서 공감을 얻어내면서 만들어가는 것이기도 하다. 대선 시기의 시대정신은 대선 후보와 독립적으로 존재하지 않기 때문에 후보의 정체성과 함께 검토해야 할 문제이다.

윤석열로는 정권 교체를 시대정신으로 만들 수 없다

먼저 '정권 교체'가 시대정신이 될 수 있는지부터 검토해보자. 2021년 들어 진행된 여론조사에서는 일관되게 정권 교체 응답이 정권 연장 응답보다 높게 나오고 있다. 정권 교체 응답이 50~55%, 정권 유지 35~40% 정도의 흐름이다. 하지만 이런 흐름이 곧바로 정권 교체가 시대정신이 될 것이라는 전망, 즉 정권 교체가 다른 모든 가치를 압도하는 가치가 되리라는 전망으로 연결될 수는 없다. 2012년 대선에서 박근혜 후보가 문재인 후보를 꺾고 승리했을 당시에도 정권 교체 여론이 정권 유지 여론보다 지금 정도 수준으로 높았다.

정권 교체가 시대정신이 되려면 정권 교체가 다른 모든 것에 우선하는 가치가 될 수 있어야 하며 이전 정권과 다른 새로운 정권이 상징하는 가치를 자신의 것으로 만든 후보가 있어야 한다. 하지만 윤석열 후보가 그런 가치를 가지고 있다고 보기는 힘들다. 역사적으로도 정권이 교체되는 시기는 IMF 외환위기라는 초유의 국가비상사태와 10년 진보정권의 실적에 대한 당시 대중들의 누적된 실망, 대통령 탄핵이라는 헌정사상 초유의 일이 발생했을 때 가능했다.

현재 문재인 정부의 국정운영에 대한 실망감이 정권 교체 여론의
바탕이 된 점은 부인할 수 없지만, 이재명 정부가 문재인 정부의 연장
선에 있다는 것만으로 같은 정부일 수 없는 이상 정권 교체 여론이
곧바로 야당으로의 정권 교체를 의미한다고 보기는 어렵다. 이재명
후보의 승리를 일종의 정권 교체라고 생각하는 사람들이 분명히 존
재하고 있기 때문이다.

　　이재명 후보는 정권 유지를 원하는 사람들을 모두 끌어안으면서
도 정권 교체 여론 중 일부를 자신을 향한 지지로 반드시 획득해야
할 과제를 떠안았다. 문재인 정부의 실망감이 어디에서 연유했는지를
명확하게 파악하고 이에 기반해 자신만의 시대정신을 만들어나가야
한다.

　　정권 교체가 시대정신이 되기 힘든 더 큰 이유는 윤석열 후보
가 정권 교체라는 가치를 시대정신으로 만들기 힘들다는 점이다. 물
론 윤석열 후보에게서 정권 교체의 가치를 찾는 사람들이 많은 것은
사실이다. 그러나 윤석열 외에 다른 대안이 없어서이지 윤석열이라
는 사람 자체는 정권 교체의 가치를 국민과 함께 만들어온 사람이 아
니다. 정권 교체가 시대정신이 되기 위해서는 이전 정권과 차별화되
는 여러 가치가 정권 교체라는 가치 안에 녹아들어 있어야 한다. 하지
만 '전두환 정권이 쿠데타 빼고 정치는 잘했다'라는 식의 윤석열 후보
가 보이는 구시대적인 인식을 볼 때 대중들이 윤석열 후보의 대선 승
리를 정권 교체로 인식하기는 어림없는 일이다. 대선에 가까워질수록

윤석열 후보의 시대를 거꾸로 가는 인식들이 갈수록 더 많이 드러날 것이며 그를 정권 교체의 상징으로 받아들일 수는 없을 것이다.

최근 윤석열 후보는 '기득권의 나라를 기회의 나라로'라는 슬로건을 통해 '기득권 타파'를 시대정신으로 내세울 듯한 움직임을 보이고 있다. 하지만 이는 그야말로 몸에 맞지 않는 옷이다. 윤석열 후보 스스로 검사라는 기득권을 쭉 누려온 사람인 탓이다. 기득권을 누려온 사람이 기득권을 타파하자고 외칠 때 그 반향이 제대로 일어나기를 기대하기는 어렵다.

기후위기와 탄소중립, 아직은 이르다

기후위기 대응 또는 탄소중립을 시대정신이라고 생각하는 사람도 제법 많다. 인류가 내뿜는 온실가스로 지구 온도가 갈수록 높아지고 이 때문에 기후변화 속도가 가팔라지고 있다. 온실가스 배출이 현 수준으로 지속할 때 지구 온도가 어느 정도 상승할지 학자마다 다소 예측에 차이가 있지만, 기후변화를 부정하는 비과학적 주장을 믿는 일부를 빼고는 기후위기 자체를 부정하는 정치 세력은 많지 않다. 특히 유럽에서는 녹색당이 기후위기를 이슈화하며 갈수록 세를 더해가고 있다. 각국 정부도 탄소중립 목표를 달성하고자 에너지 전환 정책에 속도를 더하고 기업들도 ESG 경영을 거부할 수 없는 대세로 받아들이면서 경영정책 전반에 변화를 시도하는 현실이다. 탄소중립 기술이 미래 먹을거리의 핵심이 될 것이며 탄소중립 기술에서 뒤처지면 도 태될 수밖에 없는 환경이 조성되고 있다. 문재인 정부 또한 2050년 탄 소중립을 목표로 정부 정책 전반에 탄소중립 가치를 반영하고 있다.

하지만 기후위기 대응 또는 탄소중립이 이번 대선의 시대정신이 되기는 아직 이르다. 분명 기후위기 대응 관련 정책과 입장이 한국 정 치 전반을 뒤바꿀 시기가 올 테지만 2027년 대선일지 여부는 아직 불투명하다.

기후위기 대응이 시대정신이 되기 위해서는 경제정책, 산업정책, 교육정책, 복지정책 등 국가정책 전반이 기후위기 대응에 맞춰서 재 조직할 수 있을 정도로 국민적 이해와 동의가 선행되어야 한다. 하지 만 아직 전체 국민의 인식에서 기후위기 대응은 환경정책의 한 분야, 한발 더 나아간다고 하더라도 에너지 정책 정도의 인식 차원에 머물 러 있는 것이 현실이다. 기후위기가 우리 정치의 최우선 이슈로 등장 할 날이 머지않았다는 데 동의하지만, 2022년 대선의 시대정신이 되 기에는 사회적 논의와 합의 수준이 아직 미흡하다.

공정과 정의, 유력한 후보임은 틀림없으나…

이번 대선의 시대정신으로 빈번하게 이야기되는 것으로 '공정과 정의'가 있다. 윤석열 후보는 출마를 선언하며 "시대와 세대를 관통하 는 공정의 가치를 기필코 다시 세우겠다"라면서 "정의가 무엇인지 고민하기 전에 누구나 정의로움을 일상에서 느낄 수 있게 하겠다"고 천명했다. '공정과 정의'를 시대정신으로 내세우는 것이다.

이재명 후보 또한 대통령 경선 출마 선언에서 "공정한 사회에는 꿈과 열정이 넘치지만, 불공정한 사회는 불가피하게 좌절과 회피가 잉태된다"며 "지속적 공정 성장"을 강조했다. '공정과 정의' 자체를 시대정신으로 내세우지는 않았지만, 곳곳에서 공정을 주요 키워드로 등장시키고 있는 것이다.

공정과 정의가 뜻하는 바가 무엇인지 정치학, 철학 등 학문적으로도 고대 이래 무수한 논의가 있었고 현재도 진행형이다. 철학적 논의뿐만 아니라 현실 곳곳에서 각자가 생각하는 공정과 정의에 대한 관념 차이로 논쟁이 벌어지고 있다. 간단한 예로 대학입시에서 시험 점수로 학생을 선발하는 것이 가장 공정한 것이 아니냐며 정시 전형 확대를 주장하는 진영과 학생들이 처해 있는 경제적, 사회적 조건을 배제한 채 점수로만 뽑는 것은 불공정이 배태되어 있기 때문에 수시 전형이 더 공정하다는 진영이 팽팽하게 맞서고 있다. 무엇이 공정한 것이냐, 무엇이 정의로운 것이냐는 논쟁 자체가 일종의 진영 싸움이 되고 있다.

공정과 정의를 두고 벌어지는 논쟁은 문재인 정부 초기부터 벌어지기 시작했다. 인천공항공사 협력업체 소속 보안검색원 1,900명의 정규직 전환을 둘러싼, 이른바 '인국공 사태'에서부터 불붙기 시작한 논쟁은 조국 장관 후보자에 대한 검찰의 전면적 수사를 기화로 진영 간 전면전 양상으로 번졌다. 조국 전 법무부 장관 자녀의 대학 및 의전원 진학 과정의 편법, 불법 논란이 벌어지며 교육을 통한 계층 세습의 단면이 선명하게 드러났다. 특히 공정과 정의를 핵심 가치로 내세우던 진보 진영의 586세대 유력인사를 둘러싼 논란이었기에 파급력이 클 수밖에 없었다. 검찰과 언론의 도를 넘은 공격에 누구도 물러설 수 없는 진영 간 전쟁터가 되어버렸다.

이 과정을 거치며 진보 진영, 586세대는 '위선적'이라는 공격을 받을 수밖에 없었다. 네트워크와 문화자본 등이 바탕이 된 교육을 통한 계층세습 자체도 국민 시선이 따가울 수밖에 없는 상황에서 법원에서도 인정된 불법까지 가미되면서 위선적이라는 낙인을 피할 수 없게 되어버렸다. 비록 검찰의 먼지털기식 수사와 기소가 있었음을 부인할 수 없지만, 위선적이라는 낙인을 지울 만큼 국민 여론이 호의적이지는 않았다.

애초 대부분 국민은 조국 전 장관의 자녀들이 받았던 기회를 가질 수 없어서 이성적 판단 이전에 감정적으로도 동의하기 힘들었다고 보아야 한다. '조국 사태'에 이은 부동산 가격 급등 와중에 터진 문재인 정부 핵심 인사들의 부동산 투기 논란은 진보 진영과 586세대가 위선적이라는 '내로남불' 프레임이 공고해지게 했다.

문재인 정부 시절 내내 벌어진 공정과 정의를 둘러싼 논쟁과 진영 싸움은 안타깝게도 문재인 정부와 민주 진보 진영의 승리로 귀결되지 못했다. "기회는 평등, 과정은 공정, 결과는 정의"를 국정 기조로 내세웠던 문재인 정부의 국정운영에 대한 국민의 냉정한 평가를 받아들여야 하는 것이 냉엄한 정치 현실이다.

　정치 경험은 고사하고 장관 경험도 없는 일개 검찰총장이었던 윤석열의 대권 후보 부상은 문재인 정부에 대한 대중들의 평가를 떠나서는 생각할 수 없다. 문재인 정부가 '공정과 정의'라는 국정운영 기조에서 합격선을 넘었다면 윤석열의 부상은 결코 없었을 것이며, 윤석열이 검찰총장으로 있으면서 문재인 정부에 맞서지 않았더라면 지금의 윤석열도 없었을 것이다. 실제로 그러한지 아닌지를 떠나, 문재인 정부 5년에 대한 부정적 평가의 핵심으로 거론되는 것이 공정과 정의의 상실이며, 이런 여론이 윤석열 지지로 모였다. 윤석열 후보가 '공정과 정의'를 전면에 내세우며 시대정신이라고 주장하는 것은 일견 자연스러운 일이다.

　대선에서 당시 정부 국정에 대한 핵심적인 비판이 시대정신이 된 역사적 경험은 많다. 노무현 정부의 경제정책에 대한 비판이 오로지 경제적 이익만을 좇는 시대정신을 낳았고, 이명박 정부의 거짓과 위선이 박근혜의 '진심과 통합'이 시대정신으로 보이게 만들었으며, 탄핵으로 이어진 박근혜 정부의 국정농단 사태는 촛불정신을 시대정신으로 만들었다. '공정과 정의의 상실'과 '위선적 태도'가 문재인 정부를 비판하는 사람들의 핵심 내용이기에 공정과 정의가 이번 대선의 시대정신이 될 가능성이 크다고 할 수 있다.

　단지 해당 시기 다수가 원하는 가치라고 해서 다 시대정신이 되는 것은 아니다. 해당 시기 사람들이 원하는 가치는 여러 가지이다. 그

중에서 특정 가치를 자신의 삶 속에서 완전히 자신의 것으로 만든 정치인이 대중의 공감을 끌어내는 데서 시대정신은 완성된다.

공정과 정의가 현시점 가장 중요한 가치라는 전국민적 공감대를 윤석열 본인이 지금보다 더 끌어낼 수 있을까 하는 질문이 등장할 수밖에 없는 이유다. 검사와 검찰총장으로서 박근혜 정부와 문재인 정부에서 보여준 모습은 대중 시선에서 공정과 정의라는 가치에 상당히 부합했던 것이 사실이다. 하지만 그것은 어디까지나 특정 시기 도드라진 몇 가지 사건을 통해서 짧은 시간에 형성된 이미지일 뿐이며, 그의 삶 전체가 실제로 공정함과 정의로움으로 가득한지는 알 수 없다. 오히려 그 반대의 모습이 차츰 드러나고 있는 상태다. 자신이 내세우는 공정과 정의라는 가치에 반하는 모습이 드러나면 스스로 발목을 잡혀 급속도로 지지율이 하락하는 모습이 나타날 수 있다. 공정과 정의에 대한 기대감이 있었던 문재인 정부에서 일부 인사들의 일탈에 더 큰 실망감과 분노가 생겼던 것과 같은 이치다.

윤석열 후보 본인이 과연 공정과 정의를 시대정신으로 외칠 만큼 자신의 삶 속에서 해당 가치를 체화해왔는지 의문을 품는 건 물론이고 그가 함께하는 정치 세력이 공정하고 정의로운지도 아킬레스건이다. 국민의힘을 지지하는 사람들 모두 공정과 정의와는 거리가 먼 사람들이라고 할 수 없지만, 국민의힘 핵심 정치인들이 공정하고 정의로운 사람들이라고 자신할 수 있는 사람은 거의 없다. 공정과 정의를 주창하는 사람들 스스로 그렇지 못한 상황에서 공정과 정의를 대선에서 다수의 지지를 받는 시대정신이 되도록 만들어가는 것은 요원한 일일 수 있다.

아울러 공정과 정의라는 가치가 문제인 정부에 대한 부정적 평가 때문에 많은 사람에게 공감을 얻는 현실을 부정할 수는 없지만, 더 많은 공감을 얻어내 이번 대선의 시대정신이 될 수 있을지는 의문이다. 공정과 정의의 논쟁 이면을 한 꺼풀 벗겨보면 불평등의 심화라는 더 근본적인 원인이 자리하고 있기 때문이다.

불평등 심화로 기회가 적어지고 박탈당하는 현실이 공정에 대한 강한 요구를 낳는다. 쉽게 설명하자면, 청년층에서 취업 문 자체가 갈수록 좁아지고 경쟁이 심화해 공정한 경쟁을 보장하라는 요구가 강해지는 것이다. 하지만 앞으로도 같은 상황이리라 단정하기는 힘들다. 공정한 경쟁에 대한 요구를 넘어 기회의 축소를 만들고 있는 기득권 체제나 기득권 세력을 교체하자는 요구로 나아갈 가능성이 상당하기 때문이다. 그럴 때 공정과 정의라는 가치는 지금의 자리에 남아있지 못할 것이다.

불평등과 양극화 해소는 시대정신이 아니라 시대적 과제

이번 대선의 유력한 시대정신으로 꼽히는 것 중 또 하나가 불평등 해소, 격차 해소이다. 우리 사회의 불평등 심화는 이미 십여 년 전부터 정치의 최대 화두가 되어왔다.

정당과 정파를 떠나 불평등 문제의 심각성에 모두가 동의하고 있다. 소득, 고용, 주거, 지역 등 각 분야에서 격차가 갈수록 벌어진다. 고소득층과 저소득층의 확대되는 소득 격차, 정규직과 비정규직 간 불평등한 고용 구조, 숨 막히는 집값 상승 속에서 이미 집을 마련한 사람과 그렇지 못한 사람 간의 넘기 힘든 격차, 수도권과 비수도권으로 양분된 지역 간 불평등 등 사회 전반이 양극화되어 있는 상황이다. 하물며 포스트 코로나 시대는 사회 전 분야의 양극화를 더욱 깊어지게 하고 있다.

불평등과 양극화 해소는 앞선 2017년 대선에서도 핵심 의제였다. 대통령 탄핵이라는 유례없는 사태로 지난 대선의 시대정신은 적폐 청산으로 모였다. 그러나 탄핵사태가 발생하지 않았다면 불평등 해소 문제가 가장 큰 이슈로 등장할 가능성이 컸다. 실제로 높은 적폐 청산 요구 속에서도 양극화 해소 차원에서 내놓은 문재인 후보의 제1 공약은 공공부문 81만 개 일자리 창출이었다. 안철수 후보는 다소 뜬금없이 안보 공약을 첫 번째로 들고나왔지만, 2012년 대선에 출마했을 당시 첫 화두가 '격차 해소'였다.

문재인 정부 출범 이후 불평등과 양극화 해소는 아쉽게도 제대로 된 성과를 거두지 못했다. 야심 차게 진행한 소득주도성장은 경제체제 전반의 지지부진한 개혁 작업 탓에 급격한 최저임금 인상으로만 협소화되며 사실상 실패로 끝났다. 더구나 시장과 괴리된 부동산 정책은 급격한 아파트값 폭등을 일으켜 국민 다수를 스스로 '벼락 거지'로 인식하게끔 만들어버렸다. 코로나19 사태 이후에는 대다수 자영업자와 소상공인 지원에는 인색하면서 사회적 약자들의 희생 위에 방역 성공을 놓이게 했다. 모두 불평등과 양극화 심화의 단면들이다.

모든 정치 세력이 불평등과 양극화 해결에 한목소리를 내며 우리 사회의 가장 중요한 문제라는데 이론의 여지가 많지 않아 보인다. 그렇다면 불평등 해소가 이번 대선의 시대정신이 될 수 있을까? 결론부터 이야기하자면 그럴 가능성은 별로 없다. 불평등과 양극화 해소는 너무 추상적일뿐더러 시대정신이라기보다 시대적 과제라고 보아야 한다.

불평등과 양극화는 고용, 소득, 주거, 자산, 지역, 교육, 보육, 결혼, 노후 등등 현재 우리 삶의 거의 전 영역과 생애주기에 걸쳐 진행되고 있다. 너무나 광범위해서 일종의 공기 같은 상태가 되어 역설적으로 불평등 타파 주장은 구체성과 실천성이 결여된 주장이 돼 버렸다. 모든 분야의 불평등을 해소하자는 것인지 일부 분야에만 해당하는 것인지의 문제에서부터 어느 정도가 불평등을 해소하는 것인지 같은 문제에서 대강의 합의조차 쉽지 않다.

불평등과 양극화의 주범은 무엇이며 해소를 위해 무엇을 할 것인지에서도 전혀 다른 주장이 난무한다. 불평등 심화의 원인으로 '귀족노조'를 지목하는 홍준표 후보 같은 사람도 실제로 상당수 존재한다.

그렇다면 이번 대선의 시대정신은 무엇일까? 이재명은 어떤 가치를 내세우며 시대정신으로 만들어가야 할까?

이재명과 시대정신

시대정신은 동시대 사람들이 추구하고 실현하고자 하는 가치이며, 대
선에서의 시대정신은 대선 후보가 대중들과 만들어가는 가치이다. 그
가치는 어디서 뚝 떨어지는 것이 아니라 시대적 상황, 시대적 과제와
연결돼 있어야 한다. 실현하려는 시대적 과제 안에 공통으로 녹아 있
는 가치, 그 가치를 이재명 후보가 대선 공간에서 대중들로부터 더욱
큰 공감을 만들어내고 실현할 비전을 보여주어야 한다.

2022년의 시대적 과제는 다소 차이에도 불구하고 큰 틀에서 정
리하는 일은 그리 어렵지 않다. 소득, 주거, 고용 등 각 분야에서의 불
평등과 격차 심화를 해소하는 일, 문재인 정부에서 미완으로 끝난 검
찰과 언론 개혁의 마무리, 부동산 가격 폭등을 막고 주거 안정을 이
루는 일 정도가 핵심이다. 여기에 북한과의 평화 체제 형성을 한 단계
더 발전시키는 과제가 차기 대통령의 해결해야 할 주요 과제이다.

물론 이 과제들이 전부는 아니다. 저출산 대책, 교육개혁, 미래성장동력 확보, 지역 균형 발전, 개헌, 정치개혁 등등 수많은 과제가 차기 대통령 앞에 놓여있고, 그 중요성은 어쩌면 위에서 거론한 과제들보다 더 무거울 수도 있다. 다만 국민이 가장 중요하게 생각하는 과제가 무엇인지 가늠해본다면 앞서 거론한 과제들이 앞자리를 차지하게 될 것이다.

기득권 해체가 시대정신

2022년의 시대적 과제를 해결하려면 어떤 가치를 내세워야 국민의 지지 속에서 개혁 과업을 완수해나갈 수 있을까? 가장 큰 과제라고 할 불평등과 양극화 완화는 앞서 이야기했듯이 너무 추상적이고 방대한 영역에 걸쳐있다. 차기 정부에서 불평등과 양극화가 완화될 수는 있을지언정 완전히 해소되기를 기대하기도 힘들다. 그것은 혁명의 영역에서나 가능한 이야기이다.

자본주의 체제 자체가 불평등을 가속하는 경향이 있고 포스트 코로나 시대는 그런 경향이 더욱 짙어진다. 그렇다고 국가가 이를 방치하거나 더 가속한다면 국가의 역할을 잊은 것이다. 불평등을 향한 가속페달에서 발을 떼고 브레이크를 밟으면서 양극화 해소로 방향을 전환해야 한다. 문재인 정부도 이런 방향 전환을 모색했지만, 안타깝게도 실제 방향 전환은 제대로 이뤄지지 않았다.

코로나 사태 이후 정부의 재정정책을 살펴보면 정부가 불평등 심화에 어떤 태도를 취하는지 극명하게 드러난다. 〈나라살림연구소〉에 따르면 2020년 GDP 대비 코로나19 대응 재정지출 규모는 일본 44.0%, 이탈리아 42.3%, 독일 38.9%, 영국 32.4%, 미국 19.2%, 캐나다 18.7%, 호주 18.0% 등인데, 우리나라는 13.6%에 불과하다. 대부분 선진국이 정부 지출을 늘려 코로나19로 타격받은 사람들 지원을 대폭 늘리는 동안 우리나라는 지원에 인색했다는 이야기다.

그 지출도 다른 나라들과 달리 대부분이 예산을 직접 지원하는 방식이 아니라 대출 보증 등 간접 지원하는 방식에 더 큰 비중을 할애했다. 그런데 기재부를 중심으로 한 경제관료들은 재정 적자 비율이 선진국보다는 늘어나지 않았다고 자화자찬하는 행태를 보인다. 돈을 풀지 않았으니 재정 적자가 많이 늘어나지 않는 것은 당연한 일이며, 코로나로 직격탄을 맞은 민생에 대한 책임 방기인데도 그런 발언을 자랑스럽게 한다. 정부지출을 대폭 늘리지 않은 결과는 자영업자, 소상공인들의 '폭망'으로 나타났다. 코로나19로 수입에 아무런 타격을 받지 않는 관료, 공공분야 종사자들과 극단적 타격을 받았음에도 국가지원이 미약한 자영업자 사이에서 양극화의 참담함이 적나라하게 드러난다.

기획재정부 중심으로 한 경제관료들의 기득권적 행태는 재난지원금 지급 논란이 있을 때마다 반복되었고, 문재인 정부는 이를 바로잡지 못했다. 결국, 자영업자와 중소상공인 들은 문재인 정부에 가장 비판적인 계층이 되어 지지율 하락의 가장 큰 요인으로 작용했다. 경제관료를 중심으로 한 관료 기득권 세력은 문재인 정부의 지지율 하락을 일으킨 사실상 내부의 적과 다름없는 역할을 했다.

불평등 심화를 막는 작업은 기획재정부를 중심으로 한 이들 관료 기득권 세력의 힘을 약화하는 데서부터 출발해야 한다. 국가와 공공의 역할을 높이고 국가재정의 지출 방향을 소외된 사람들을 향하게 해 국정운영의 방향이 실질적으로 양극화를 완화하는 방향이 되도록 설정해야 한다. 이재명 정부의 시대정신은 바로 이곳이 출발점이어야 한다. 현 체제에서 기득권을 쥐고 대중들 요구와 다른 방향으로 국가를 이끌어가려는 자들과의 싸움, 즉 기득권 세력과의 싸움이다.

시대적 요구들 앞에 똬리를 틀고 있는 기득권

문재인 정부는 적폐 청산의 일환으로 검찰개혁을 강도 높게 추진했지만, 미완으로 끝나고 말았다. 내로남불 논란을 낳은 정부 인사들의 민낯이 검찰개혁의 국민적 공감대를 얻는 데 걸림돌이 됐다는 점을 부인할 수 없다. 하지만 이와 별개로 검찰개혁 과정에서 보인 검찰 기득권 세력의 강도 높은 저항에 가로막힌 것 또한 사실이다. 이들 기득권 세력을 그대로 둔 채 다음 정권이 순항하리라 기대하기는 불가능하다.

언론 또한 마찬가지이다. 그들은 강력한 카르텔을 이루고 자신들의 기득권 체제를 유지하는 것이 무엇보다 중요한 목표가 됐다. 부동산 문제 또한 부동산으로 불로소득을 취하는 기득권 세력에 막혀 세제 개혁 등이 제대로 진행되지 못하고 있다. 불평등과 양극화, 검찰개혁, 언론 개혁, 부동산 문제 등등 모든 문제의 핵심에는 각 분야 기득권 세력이 공통분모로 자리 잡고 있다. 기득권과의 싸움이라는 깃발이 이번 대선의 시대정신이자 이재명 후보의 시대정신이 되어야 하는 까닭이다.

기득권 세력과의 싸움이라는 범주에는 이들만 포함돼 있지 않다. 586 정치인과 정규직 노조 또한 일부 포함되어야 한다. '일부' 포함되어야 한다고 하는 이유는 586세대와 노동운동 전체가 기득권을 가진 게 아니기 때문이다. 586세대는 우리나라 민주화의 가장 큰 공을 세운 세대이며 현재도 우리 사회 발전의 큰 역할을 하고 있다. 다만 그 세대의 일부인 586 정치인들이 우리 정치에서 과잉 대표되면서 이른바 '정치 지체' 현상을 낳고 있다. 21대 국회의원의 무려 55%가 50대이며 그 윗세대까지 합치면 86%에 이른다. 40대 이하는 한국 정치에서 제대로 된 대표성을 가지지 못하고 있다.

민주 진보 진영에서 진영의 핵심을 차지하는 586 정치인을 두고 기득권이라고 비판하는 것이 조심스러운 현실이지만, 이를 두고 기득권이라고 칭하지 않는다면 문제의 핵심을 피해 가는 꼴이 된다. 586 세대 정치인들이 과잉 대표된 현 상태를 그대로 두고 중도층과 청년층의 표심을 잡기는 요원한 일이며, 표를 떠나 한국 정치의 발전을 위해서도 기득권이 누구인지 지적하고 이를 개혁하는 일은 필요하다.

공무원을 포함해 정규직 노조를 기득권에 포함하는 일도 민주 진보 진영으로서는 매우 까다로운 일일 수밖에 없다. 하지만 현실에서 이들이 기득권을 가지고 있다는 것을 부정할 도리가 없다. 비정규직이 압도적인 우리 노동시장에서 대기업 정규직과 공무원은 최상위 위치에 있다. 고용안정과 고소득을 동시에 가진 거의 유일한 집단이다. 시험이라는 한 번의 관문만 통과하면 평생 고용이 유지되는데 소득까지 높은 집단이기에 국민의 비판과 질시가 집중될 수밖에 없다. 이들 집단에 들어가기 위한 처절한 투쟁이 젊은이들 사이에서 벌어질 수밖에 없고, 그 과정에서 공정과 정의에 관한 논쟁은 어쩔 수 없이 따라붙게 된다. 직무급제의 조속한 도입, 공무원 체제 개편 등 기득권이 아니라 청년층 편에 서서 전면적인 개혁에 나서야 한다.

불평등과 양극화, 검찰과 언론, 부동산, 정치, 노동시장 등이 현재 우리 국민의 분노가 집중된 지점이다. 이곳에는 개혁에 저항하는 기득권 세력이 떡 하고 버티고 있다. 문재인 정부가 국정원, 검찰 등 권력기관 개혁에 매진했다면 이제는 우리 사회 곳곳에 자리한 기득권을 해체하고 본격적인 개혁에 나서야 할 시점이다. 그런 개혁이 이뤄질 때만 선진국 입구에 들어서기 시작한 우리나라가 명실상부 G10 국가로 확고한 자리를 잡을 것이다. 기득권과의 싸움이 이번 대선의 시대정신이 되어야 하고 될 수밖에 없는 이유이다.

이재명의 삶 자체가 기득권과의 싸움

어떤 가치가 시대정신이 되려면 해당 가치를 대중들과 공감하면서 사회 속에서 전면화시키는 정치인이 필요하다. 하지만 그 가치에 동의한다고 아무 정치인이나 시대정신을 만들어갈 수는 없다. 자기 삶에서 그 가치를 실현해온 사람이어야 국민과 공감하고 동의를 끌어낼 수 있다.

이재명 후보의 삶은 기득권과의 싸움 그 자체라고 할 수 있다. 집이 가난해 초등학교만 졸업한 후 공장에 취업했던 유년기를 보냈고 공장일을 하다 장애까지 생긴 그는 검정고시로 중고교 과정을 마쳤다. 가난과 사회적 멸시를 온몸으로 느끼며 살아온 삶이다. 사법고시 합격 이후 인권변호사가 되어서도 서울이 아닌 성남이라는 변방에서 활동하면서 지역 토착 세력과 맞서 싸우는 과정을 통해 시장이 되었다. 성남시에서의 성과를 바탕으로 경기도지사를 거쳐 대선후보의 자리에까지 올랐다. 이재명과 같은 세대인 586 정치인들이 대부분 학생운동과 중앙정치 엘리트 코스를 밟아온 것과 달리 그는 중앙정치 경험이 없는 '변방의 장수'와 같다. 기득권과는 전혀 관련이 없는, 오히려 기득권과 맞서 싸우는 과정을 통해 성장한 정치인인 셈이다. 기득권과의 싸움이 그의 시대정신이 될 수 있는 이유이다.

2장.

무엇을 할 것인가

386 다음은 누구인가

586세대, 원래는 386이라고 불렀다. 시작은 1996년 서초동의 한 인테리어 회사 사무실. 변호사, 의사, 건설 대표 등이 함께 모여 카페 이름을 짓다가 당시 《디지털 조선일보》에서 근무하던 한창민 씨가 아이디어를 냈다. 30대, 80년대 학번, 60년대생을 뜻하는 숫자를 모아 당시 펜티엄급 컴퓨터 최신기종 CPU 이름과 맞춘 아이디어였다. 언론이 몇 차례 인용한 뒤에 이 신조어는 빠른 속도로 퍼져나갔다.

시작부터 80년대 학번을 정체성에 명토 박아 고졸자의 진입을 봉쇄했다. 이후 이 세대 운동권 출신 인사들이 김대중 대통령의 '젊은 피' 영입을 시작으로 대거 정치권으로 유입되며 하나의 그룹으로 자기 정체성을 획득하게 됐다. 민주당 내 정치인 386은 새로운 특징을 가지게 됐는데 80년대 대학 다녔던 모든 사람을 386이라 칭하기보다 80년대 서울대, 고대, 연대 등 소위 명문대 운동권들과 그 외 대학(운동권 순혈주의에선 이걸 구분한다) 총학생 회장단까지를 386으로 동질성을 지닌 집단으로 여겼다.

이 카테고리에서 벗어나는 동시대 정치인은 386이라는 그룹으로 인정받지 못하는 경우가 많았다. 이재명이 대표적인 예다. 80년대에 대학을 다녔고 이후 변호사로 시민사회 운동에 참여했지만, 그 어떤 386도 이재명을 386으로 여기지 않는다. 이처럼 386은 상당히 폐쇄적인 구조로 자신들만의 성을 구축하고 있었다.

동유럽 사회주의의 몰락으로 소위 '사회주의' 동력을 잃은 운동권들은 사회 진출의 방향에 대해 집단으로 깊이 고민했고 이 과정에서 지역 시민사회 운동으로 넘어간 자, 노동운동으로 투신한 자, 모든 걸 접고 취직한 자 등으로 나뉘었다. 대기업을 향한 이들도 있었지만 언론, 방송, 법조계 등 전문직 진출도 많았다. 1999년 김대중 대통령이 젊은 피 수혈을 내세우며 대거 386을 영입했고, 서울 지역 요지 등을 그들에게 나누어 주며 정치적 기반을 만들어주었다. 2000년 총선 첫 도전에선 성공한 자가 많지 않았으나, 2004년 노무현 대통령에 대한 탄핵 시도에 이은 총선에서 386들은 대거 등원에 성공한다. 동질감을 가진 다수 초재선 의원들이 여러 개혁 정책 등을 시도하며 정치권에 새로운 바람을 불어넣기도 했고, 한편으로는 각자도생의 길을 찾아 계파를 달리해 헤어지기도 했다.

개혁은 우리가 해야 참 맛이라는 386

민주당의 젊은 피 영입 전략 등으로 이 시대 운동권들이 대거 민주당에 들어오며 하나의 그룹을 구축한다. 386 리더 그룹 외에는 소위 '친노'라는 틀로 많은 사람이 모였다. 노사모로 시작했던 사람들과 사회운동을 하다 들어온 그룹 등이 어우러지며 노무현 정부를 지탱하는 풀뿌리가 됐다. 이 동질감은 노무현 대통령의 서거 이후 더 강해졌다. 정치에 직접 참여하지 않았다 하더라도 386이라는 정체성을 공유하는 사람들은 각종 커뮤니티와 SNS를 장악해 들어갔다. 이 세대는 단단한 목소리를 내며 사회 곳곳에 뿌리내렸다.

1999년을 기점으로 한국 정치권에 진입한 386은 20년간 기득권 체제와 싸워왔다. 상당한 성과도 일궜고, 국가권력이 시민의 삶을 짓밟을 때 항상 최전선에서 싸우는 데 주저함이 없었다. 산업화 세대라는 구체제를 밀어내고 민주화 세대가 나라를 이끌어야 모두가 잘사는 세상이 온다며 유권자를 설득했다. 박근혜 대통령의 탄핵과 촛불혁명을 통해 문재인 정부가 등장했고 386은 명실상부 이 사회의 중심 세력이 됐다.

하지만 그들의 구호는 여전히 '세대교체'에 머물러 있었다. 50대 중반이 넘어서도 새 시대의 개혁 세력으로 자기 자리를 잡고 구호를 외쳤다. 미래에 대한 새로운 비전을 제시하기보다는 구체제 권력의 문제점을 지적하고 파고드는 일을 업으로 여겼다.

386세대는 시대 교체의 주력이기도 했지만, 인구 상으로도 다른 세대를 압도하는 힘을 가졌다. 개혁의 주체를 자임했으나, 우물쭈물하는 사이에 시간이 흘러 이젠 개혁의 대상이 되어버렸다. 2030 청년 세대는 민주당에 희망을 찾으려 꽤 오랜 기간 노력했다. 국민의힘이 반개혁 세력임을 청년 세대도 모르지 않는다. 각자도생의 아수라장에서 취업도 되지 않고 창업도 할 수 없는 절망의 끝에서 외치는 단말마에 386은 '일베나 하는 소리'라는 프레임을 씌우고 국민의힘을 지지하면 탐욕스러운 것이고 민주당을 지지하면 고결한 것이라는 말로 그들을 윤리적으로 꾸짖고자 했다. 386도 부지불식간에 기성세대가 됐으며 다음 세대와의 소통에 고통을 느끼게 된 것이다.

다음 세대와 공존하며 점진적인 개혁을 하기엔 386의 네트워크는 공고했다. 학연, 지연으로 얽힌 네트워크는 위에서 언급한 카테고리에 들어오는 자만을 '한편'으로 인지했고, 나머진 적 내지는 남으로 규정했다. 인구학적으로도 주류였기 때문에 세대 간 소통이나 연합이 필요 없었다. 지금의 50대는 859만 명(16.6%)으로 40대까지 합치면 전체 인구의 32.5%를 차지한다.

사정이 이렇다 보니 국회의원도 마찬가지이다. 21대 국회의 경우 50대가 159명으로 과반을 점유하고 60대가 95명으로 그 뒤를 잇는다. 40대는 28명, 30대는 10명에 그쳤고 30세 미만은 단 한 명에 지나지 않았다. 연령별 인구 비례에 맞춰 국회의원이 존재해야 한다는 것은 아니고 거꾸로 단지 나이로 구분하는 연령별 세대교체로 정치가 달라질 수 있다는 뜻도 아니다. 기득권이라는 것의 기본이 정해진 '출신'의 벽이 너무나 공고해 변화가 어렵다는 점이다.

관료 사회는 20대 때 5급 행정고시에 합격한 사람끼리, 정치권은 20대 때 몇 년간 학생운동 경험을 공유하는 집단끼리 순환한다. 관료 사회는 '관료가 중심을 잡아야 세상이 돌아간다'라며 선출 권력의 권리 행사조차 방해하며 국정운영을 주도하고 정치권은 80년대 민주 대 반민주의 논리에서 벗어나지 못한 채 '○○개혁'만을 외치며 미래의 비전을 제시하지 못하고 있다.

강물이 흐르게 하라

386세대는 87항쟁이라는 역사적 현장의 주역이었다. 민주화의 새바람을 불러일으킨 기수였으며 산업화를 거쳐 독재에 머물 뻔한 대한민국의 정치를 구해낸 중요한 배역 중 하나였다. 그 실력과 단결력으로 1997년 김대중, 2002년 노무현 정부 탄생에 일조했다. 그런 과정에서 386세대는 끈끈한 네트워크, 검증된 정치력, 김대중과 노무현 등 정치지도자의 인도로 주요 정치 세력으로 자리 잡으며 세대교체를 감행했다. 386의 최대 강점이었던 동질성과 네트워크는 한국 정치 발전을 이끌어 온 원동력이었으며 대한민국 민주주의의 마르지 않는 저수지 역할을 잘해주었다.

하지만 폐쇄적인 저수지로는 미래 먹을거리를 발굴하고 신산업 동력을 육성하며 부동산, 비정규직 문제를 해결할 수는 없다. 민주화 이후 30년간 해결책을 찾지 못했다면 다른 방법, 다른 주체들을 전면에 세워야 한다.

새 정부의 그림은 선대위부터 선보여야 한다

인적 교체로 새로운 정부의 그림을 보여줘야 한다. 그 시작은 중앙선거대책위원회가 될 것이다. 위원회 구성에서 기존 방식인 의원 위주의 선대위 구성으로는 국민이 감동할 수 없다.

지난 5년 문재인 정부의 안정적 운영에 박수하는 사람이 아니라 문재인 정부에 등을 돌린 사람들 마음을 얻어와야 한다. 특히 청년층 마음을 얻는 일이 급선무다. 그 청년층에게 386은 30대 청춘이 아니고 586, 즉 50대 부모님의 다른 이름이기도 하다. "아니, 지금까지 잘 해왔는데 뭘 더 어쩌라는 거야?"라고 묻는 선대위 조직으로는 이재명이 꿈꾸는 새로운 세상을 보여줄 수 없다.

국민이 이재명에게 원하는 것은 낯익고 식상한 386이 아니다. 새로운 인물을 발굴해 전면에 세우고 새 판을 짜야 한다. 이미 국민의힘은 이준석이라는 다음 세대 주자가 당 대표로 전면에 섰다. 그것만으로도 지금까지의 태극기 이미지를 상당히 희석했다. 송영길 당 대표의 진중함만으로 선거를 돌파할 순 없다. 2024년의 대한민국이 어떨지 상상해볼 인물들이 전면 배치돼야 한다. 연공 서열과 선수에 의존한 조직표는 현재 국회의원들에게 마음의 안정을 줄지언정 국민의 심장을 뛰게 할 수는 없다.

낯익은 것들과 결별해야 한다. 국민이 더불어민주당과 국민의힘을 대표해 차기 정부를 이끌어 갈 후보로 국회 경력이 전혀 없는 두 인물을 선택한 참뜻을 간파하는 쪽이 선거에 이길 것이다. 알던 사람, 누구나 아는 이야기, 하나 마나 한 소리를 듣기 위해 대선이란 공간이 열린 것이 아니다. 다른 계층, 다른 세대, 다른 사람들의 목소리가 들리게 해야 한다. 앞으로 열릴 대한민국의 미래를 짐작해 볼 수 있는 다음 세대를 선점해야 한다.

당·정·청 협의의 주도권을
당과 선대위가 장악해야 한다

Q. 선생님께서는 문재인 대통령이 대통령으로서 일을 잘하고 있다고 생각하십니까?
잘못하고 있다고 생각하십니까? (n=1000, %)

※ 최근 6개월 결과만 제시함

국정운영 평가(%)		사례수	매우 잘하고 있다	잘하는 편이다	잘못하는 편이다	매우 잘못하고 있다	종합평가		
							긍정적 평가	부정적 평가	모름/ 무응답
전체		(1,000)	15	28	25	27	43	53	4
연령별	18-29세	(175)	3	34	30	18	37	48	14
	30-39세	(151)	18	31	28	20	49	48	3
	40-49세	(187)	29	34	15	21	63	36	2
	50-59세	(194)	15	26	23	34	41	57	2
	60-69세	(161)	9	23	28	38	32	66	2
	70세 이상	(132)	12	20	31	33	32	64	4
지역별	서울	(189)	10	26	27	33	36	60	4
	인천/경기	(314)	16	27	27	26	43	53	4
	대전/세종/충청	(108)	17	24	27	26	41	54	6
	광주/전라	(98)	25	52	12	6	78	18	4
	대구/경북	(97)	5	23	25	42	28	67	5
	부산/울산/경남	(151)	14	25	27	29	38	56	5
	강원/제주	(43)	23	26	23	21	49	44	7
이념 성향별	진보	(277)	30	44	14	7	74	22	4
	중도	(326)	9	30	32	26	39	58	4
	보수	(312)	7	15	28	49	21	77	2
	모름/무응답	(84)	16	19	26	20	35	46	19

http://nbsurvey.kr/archives/3284

4개의 여론조사 회사가 모여 갹출한 비용으로 최상급 전화 면접원을 통해 매주 여론을 탐색하는 '전국지표조사'는 응답률 27.9%에 접촉률 25.4%의 비교적 응답률이 높은 조사다. 전화 면접 조사이기 때문에 적극적인 참여층의 여론만 부각하는 ARS 여론조사와 비교해 비교적 대답을 잘 하지 않는 민심까지 살펴볼 수 있다는 장점이 있다.

지난 4월 이후 문재인 정부에 대한 국정운영 평가 결과를 보면 4월 7일 치러진 보궐선거로 민심이 최악이던 순간 35%까지 떨어졌던

지지율이 최고점 46%를 찍고 43~45% 사이를 횡보하는 걸 확인할 수 있다. 집권 4년 차를 기준으로 보면 대단한 점수다.

역대 대통령 성적은 어땠을까? 한국갤럽조사에서 5년 차 2분기 기준 전직 대통령들 지지율은 김영삼 14%, 김대중 33%, 노무현 16%, 이명박 25%였다. 수치에서 금방 알 수 있듯 $\frac{1}{4}$ 이상의 국민 지지를 받은 역대 대통령은 정권 재창출에 성공했다. 김대중, 이명박 대통령이 그 예다.

40%가 넘는 수치는 이런 전례를 비추어 볼 때 굉장히 높은 수치다. 그런 점에선 정권 재창출이 손에 잡힐 듯 가까이 있다고 생각해 볼 수 있다. 혹자는 지난 대선 42% 득표 때 투표하지 않았던 중도층들이 심정적으로 문재인 정부를 지지해왔으나, 그 지지를 이제는 철회했으므로 실제 지지율은 떨어졌다고 봐야 한다는 해석을 내놓기도 한다. 평가 방식이 어떠하든 차기 대선에 투표 여부와 상관없이 국민의 40%가 넘는 지지를 받고 있다는 것은 큰 힘으로 봐야 한다. 차기 대선 후보가 정해지는 순간까지 문재인 정부는 어떻게 이렇게 고공행진을 하는 것일까?

방역과 경제로 성공한 문재인 정부, 남북관계 최종 카드로

국민이 최근에 가장 높은 점수를 주는 부분은 누가 뭐래도 방역일 것이다. 감염자 1,000명을 웃돌며 어려움을 겪은 것도 사실이지만,

전 세계에서 방역에 성공하면서도 시민의 발을 아예 묶는 봉쇄(Lock down)하지 않은 나라는 우리나라밖에 없다. 전통적으로 개인의 자유를 강조하는 서구권으로서는 코로나 팬데믹은 참으로 다루기 난관이었다. 지금까지 미국은 4,510만 명 확진에 72만 명이 숨졌다. 응급 체계는 망가져 병원에 제대로 가지 못해 통계에 잡히지 않는 수많은 희생자가 있었을 거로 짐작된다. 영국도 858만 명 확진에 13만9,000여 명이 목숨을 잃었다. 2차 세계대전 과정에서 목숨을 잃은 미국인이 42만 명이었던 것을 고려하면 72만 명의 희생은 엄청난 숫자다. 하지만 예상 밖으로 미국 시민들은 화를 내지 않는다. 마스크를 쓰고 백신을 맞는 것이 선택의 자유이자 개인의 판단이라고 주장하니 죽음조차도 자기 판단으로 보는 것이다. 이런 팬데믹 상황의 감염병 확산은 국가 경제에도 지대한 영향을 끼치게 된다는 것을 많은 나라가 관찰하며 어떻게 하면 이 상황을 국가 통제 아래 둘지 연구와 고민이 이어지고 있다.

싱가포르 같은 도시국가나 인구 900만의 병영국가인 이스라엘처럼 극단적인 상황을 제외하면 2,000만 이상의 인구 구조를 가진 산업국가 중 코로나를 가장 잘 극복하고 있는 사례는 단연코 대한민국을 꼽을 것이다. 인구의 70%가 접종을 완료했고 고위험군인 60세 이상에선 접종 완료율이 90%를 넘었다. 전체주의 국가가 아닌 구조에서는 타의 추종을 불허하는 접종률이다.

서구 관점에서는 국가가 전방위로 통제하는 중국 모델은 옳지 않다고 보지만 '한국식 통제'에선 무언가 배워야 한다는 흐름이 역력하다. 국가와 시민이 상호 협력하는 가운데 국가적 재난을 헤쳐가는 모습이 인상적이었을 것이다. 이런 전 세계에서 쏟아지는 호평이 대한민국 국민으로 하여금 '그래도 문재인 정부니까 이 정도 버텼지'라는 칭찬을 만들어내는 데 큰 도움이 됐다고 본다. '방역 시스템이 뭔가요?'라고 물었을 것 같은 박근혜 정부 때의 메르스 대응을 생각해보면 이번 정부 대처가 얼마나 현명했는지 확연히 알 수 있다.

지속적인 수출 호조와 밝은 경제 성장 전망도 상당히 큰 역할을 했다. IMF는 12일 발표한 세계 경제 전망에서 올해 세계 경제 성장률을 7월 전망치 대비 0.1%포인트 내린 5.9%로 제시했다. IMF는 선진국 성장률 전망치를 5.2%로 7월 전망치(5.6%)보다 0.4%포인트 낮췄다. 특히 △미국(7.0%→6.0%) △독일(3.6%→3.2%) △일본(2.8%→2.4%) 등의 성장률을 크게 낮췄다. 주요 선진국 성장률 전망이 악화했지만, IMF는 한국 성장률 전망치는 7월 전망과 같은 4.3%로 유지했다. 다른 나라의 경우 지난 2년간 성장률이 마이너스를 기록할 정도로 엉망이었기 때문에 내년 경제 성장률이 높아진 것에 비해 우리나라는 작년에 이어 성장세를 이어간다는 점에서 양질의 성장이라고 할 수 있을 것이다.

8월 경상수지가 흑자를 기록하면서 16개월째 흑자행진을 이어갔다. 이로써 경상수지는 지난해 5월부터 16개월째 흑자행진을 이어간 것이다.

기업이 수출 호조로 돈을 벌어들이고 관련 업계 종사자들도 함께 혜택을 보고 있다. 코로나 방역을 잘 유지하는 가운데 한국이라는 브랜드의 신뢰도가 올라가며 상품 판매에도 긍정적인 영향을 미치고 있다. 거기에 '기생충' 'BTS' '오징어 게임' 등 K-컬처가 전 세계에서 위상을 높이고 있는 점도 해외에서 한국산 물건을 사게 하는 데 큰 역할을 하고 있다. 쏟아지는 주문에 화물 운송 수단이 부족해지는 지경이다. 말 그대로 'K-부흥의 시대'가 왔다.

코로나 방역 성공, 경제 성장 유지 등 점수를 딴 문재인 정부의 마지막 과제는 남북관계다. 문 대통령은 9월 21일(현지 시각) 미국 뉴욕에서 열린 제76차 유엔총회 기조연설에서 "남북미 3자 또는 남북미중 4자가 모여 한반도에서의 전쟁이 종료됐음을 함께 선언하자"고 제안했다. 2018년 남북정상회담 당시 문재인 대통령과 김정은 국무위원장은 한반도 비핵화, 연내 종전선언, 이산가족 상봉 등의 과제를 실현하기로 합의했다. 그 뒤 북미 정상회담 파탄으로 남북관계까지 경색됐다. 평창올림픽부터 불어오던 봄바람이 한순간 한겨울 삭풍으로 돌변했다.

문재인 대통령은 임기가 1년도 남지 않은 상태에서 종전협정을 다시 테이블로 들고나왔다. 미국은 종전선언에 대한 법률적 검토를 하겠다고 공언하며 젠 사키 미국 백악관 대변인도 한반도 이슈에 대해 "(미국의) 최고 우선순위 중 하나"라고 말했다.

2022년 북경 동계올림픽 현장에서 과연 남-북-미-중 4개국 정상이 함께 모여 한반도 문제에서 한 발 더 전진하는 그림을 보여줄 수 있을까? 문재인 대통령은 바티칸을 방문해 철조망으로 만든 십자가를 교황에게 선물하며 방북 대사로서의 역할을 부탁했다. 말 그대로 할 수 있는 모든 힘을 동원해 남북관계 개선이라는 시대적 과제 해결에 전심을 쏟고 있는 것이다. 대선을 코앞에 둔 2월 초 만약 그런 국제적 이벤트가 성사된다면 문재인 정부는 정권 말까지 50%의 지지율을 유지하는 사상 초유의 정부가 될 것이다.

이점이 민주당의 대선 주자인 이재명 후보에겐 득이 될까, 실이 될까? 지금까지 살펴본 대통령 지지율, 코로나 방역, 경제 상황, 남북 문제 등은 분명 정권 재창출에 호재로 작동할 것이다. 전임 대통령의 지지율이 높을 때 국민은 정권 재창출을 선호했다. 이번 2022년 대선도 그런 전망대로 흘러갈까?

Q. 내년 3월에는 제20대 대통령선거가 치러지는데요. 선생님께서는 차기 대선에 대한 다음 의견 중 어디에 더 공감하십니까? (n=1000, %)

국정운영 평가(%)		사례수	안정적인 국정운영을 위해 여당 후보에게 투표해야 한다 (국정 안정론)	국정운영에 대한 심판을 위해 야당 후보에게 투표해야 한다. (정권 심판론)	모름/무응답
전체		(1,000)	40	51	9
연령별	18-29세	(175)	32	58	10
	30-39세	(151)	38	51	11
	40-49세	(187)	55	36	10
	50-59세	(194)	46	46	8
	60-69세	(161)	35	60	5
	70세 이상	(132)	28	61	11
지역별	서울	(189)	37	55	8
	인천/경기	(314)	42	50	8
	대전/세종/충청	(108)	50	42	8
	광주/전라	(98)	61	29	10
	대구/경북	(97)	17	75	8
	부산/울산/경남	(151)	31	57	12
	강원/제주	(43)	37	47	16
이념 성향별	진보	(277)	67	25	8
	중도	(326)	37	54	9
	보수	(312)	18	76	6
	모름/무응답	(84)	32	31	37
	더불어민주당	(343)	80	12	8
	국민의힘	(352)	5	92	3
	지지정당없음	(210)	28	50	22

http://nbsurvey.kr/archives/3331

과반 넘은 정권 교체론, 문재인 정부와 부분 차별화가 필요하다

2021년 10월 3주 차 '전국지표조사' 결과를 보면 상황이 만만치 않게 돌아가고 있음을 느낄 수 있다. 정권 심판적 성격으로 치러진 4·7 재·보궐선거 이후 한 달이 지난 뒤에 조사했을 때도 국정 안정론이 45%로 정권 심판론 43%를 오차 범위 안에서 이기고 있었다. 추세는 계속 정권 심판론 쪽으로 기울어져 10월 3주 차에 와선 국정 안정론 40%대 정권 심판론 51%가 됐다. 정권을 심판하겠다는 유권자가 반수를 넘었다는 것은 매우 긴장해야 할 대목이다.

통계표를 확인해보면 20대에서 32 대 58로 정권 심판이 우세하고 60대 이상에서도 비슷한 결과가 나오는 걸 볼 수 있다. 더욱 위험해 보이는 것은 수도권 지표다. 서울 37:55, 경기 42:50으로 특히 서울 민심이 문재인 정부로부터 상당히 돌아서 있음을 볼 수 있다. 직업별로는 자영업 53%, 학생 58%가 정권 심판론에 손을 들어주고 있다. 이념 성향에서도 보수 진영의 76%가 정권 교체를 원한다는 점보다 중도 진영에서조차 54%가 정권 교체를 원한다는 점에 주목해 봐야 한다. 43%의 문재인 정부 지지도로는 양 진영 간 총 결집 하에 치러질 2022년 대선에서 이길 수 없다. 7.1%의 포인트를 더 얻어야만 한다.

오세훈 서울시장과 박형준 부산시장의 등장은 예사로이 볼 일이 아니다. 현재 수도권 민심과 오세훈의 전략적 부동산 욕망 부추기기 등을 고려했을 때 내년 6월 지방선거에서 국민의힘이 상당한 힘을 발휘할 확률이 높다. 물론 대선에서 민주당이 승리한다면 그 허니문 기간 안에 치러질 지방자치 선거에서 상당한 도움을 얻을 수 있겠지만, 거꾸로 오세훈 시장의 서울시 민심이 대선에 불리한 영향을 미치리라는 점도 고려해야 한다.

서울 민심이 이렇게까지 나빠진 것은 역시나 부동산을 거론하지 않을 수 없다. 문재인 대통령은 2021년 신년사에서 "주거 문제의 어려움으로 낙심이 큰 국민들께는 매우 송구한 마음"이라고 밝혔다. 문 대통령이 수도권 중심으로 아파트값이 크게 뛰는 등 부동산 시장 불안정을 사과한 것은 취임 뒤 처음 있는 일이었다. 이어 문 대통령은 "주거 안정을 위해 필요한 대책 마련을 주저하지 않겠다" "특별히 공급 확대에 역점을 두고, 빠르게 효과를 볼 수 있는 다양한 주택공급 방안을 신속히 마련하겠다"라고 말했다. 대책이 부실했음을 인정한 셈이고 민심을 달래려는 방편이었다.

여전히 부동산 시장의 불안은 계속되고 있다. 서울 시민 주택 점유 형태를 살펴보면 자가 소유 비율이 42.4%, 전세는 37.0%, 보증금이 있는 월세는 18.8%. 보증금이 없는 월세는 0.9%로 나타난다. 자가 비율이 처음으로 전·월세를 역전하긴 했으나 여전히 반반의 구조다. 부동산 가격 상승은 일부 다주택 보유자와 강남 부동산 소유자들의 재산 형성엔 도움이 됐을지 모르나 나머지엔 자가 소유자이든 전세 거주자이든 전부 불만을 가질 수밖에 없는 구조가 됐다.

사람들이 서울에 사는 이유는 직장에 다니는 데다가 병원, 문화 시설 등이 풍족하고 집값이 오르기 때문이다. 아파트 한 채를 소유한 대부분 가구는 주거 환경을 개선하고자 조금 더 나은 아파트로 옮기려는 욕구가 있다. 수도권 부동산 가격의 상승으로 집값이 올랐다고 해도 같은 동네 조금 더 나은 환경으로 옮기고자 계획했던 주택 소유주들은 불만을 가질 수밖에 없다. 내 집값이 오른 폭보다 업그레이드하려 했던 집값 오름폭이 더 커져 상대적 박탈감만 커질 따름이기 때문이다. 은퇴해 귀향하지 않는 이상, 서울시에서 집 한 채라는 것은 재산으로서의 큰 의미를 가지지도 못한다. 두 채 이상이면 수익이지만 현재 사는 집의 가치가 오르는 건 그냥 세금을 더 내는 상황 이상으로 여겨지지 않는 것이 현실이다.

전·월세 거주 가구의 경우는 지금까지 자가 마련을 위해 모아두었던 돈이 무용지물이 되는 상황에 직면해있다. 대출 길은 막히고 집값은 천정부지로 뛰니 자가 마련의 꿈이 두 배, 세 배로 멀어지고 상황을 더는 버티지 못한 사람들은 경기도로 밀려나 매일 1시간 이상의 시간을 출퇴근에 사용해야 할 처지가 되어 버린 것이다. 부동산 가격 상승은 이처럼 노동 계층에겐 자가 주택 소유 여부와 상관없이 부정적으로 작용하고 있다.

차기 정부는 부동산 문제 해결에서 문재인 정부와의 차별성을 보여야 한다. 민주당 이재명 후보는 '기본소득 도입'을 전제로 '기본소득 토지세 1%(임시 안)' 도입을 천명한 바 있다. 함께 경선 과정에 나섰던 이낙연 후보의 택지 소유 상한제 도입, 초과 이익 환수 등 토지공개념에 입각한 정책 제안도 있었고, 추미애 후보 역시 지대개혁에 목소리를 높였다. 증세라는 것은 정치적으로 상당히 하기 어렵지만 언젠가는 언급해야 할 주제이기도 하다. 부동산 가격의 안정이라는 것이 주택공급을 늘리는 것 하나로 해결될 리 없다. 금융 정책, 세금 정책 등이 맞물려 차기 정부의 큰 그림이 확실하게 나와야 상승세를 누릴 수 있을 것이다.

부동산 문제에 관한 새로운 그림이 수도권 유권자를 설득할 수 있어야 한다. 부동산 가격 상승과 취업난으로 등을 돌린 청년 세대의 마음 역시 부동산 정책으로 일부는 돌려세울 수 있을 것이다. 내년 3월까지 부동산 상승의 흐름이 이러한 정책적 제안과 비전 제시로 잡힐 수 있다면 중도층 민심을 설득하는 데 큰 힘을 발휘할 것이다.

최전방 소상공인, 외면하는 기재부

수도권 민심 이반의 다른 한 축은 소상공인과 자영업자의 불만이다. 최저임금의 급격한 인상이 문재인 정부 집권 3년 차까지 이들을 등 돌리게 하는 요인이었다면(보수언론의 선동이었다고 해도 말이다) 후반기는 역시나 코로나였다. 코로나19 방역체계 수립에서 핵심은 거리두기였고 이 때문에 수많은 자영업자가 이루 말할 수 없는 고초를 겪었다.

전경련 출신의 연구기관이긴 하나 《동아일보》와 한경연의 업종별 실태 조사 결과에 따르면 2020년 한해 자영업자들이 입은 손실액은 11조 원에 달했다. 손해 액수가 절반이라고 하더라도 차이는 없다. 방역 당국은 자영업자 희생을 전제로 방역 계획을 짰고, 기획재정부는 그 손해에 아무런 대책을 내놓지 못했다. 등 떠밀리기를 2년여 버틴 후 2021년 10월 8일이 돼서야 자영업자 손실 보상 대책이라고 내놓은 것도 자영업자 손실보상법 통과 후 석 달에 대해 그마저도 손해액 전부가 아닌 자기들의 자의적인 비율인 80%를 여러 공식으로 조절해

주겠다는 것이었다.

　나라 곳간을 지키라고 열쇠를 내줬더니 나라 곳간이 제 것인 양 굴며 '재정 건전성'을 전가의 보도처럼 휘두르며 자영업자들에 대한 지원을 막고 나아가 세계적 대재앙에 대응하는 대책으로 '국가는 빚을 질 수 없으니 개인이 알아서 살아남으라'는 신호를 준 것이 바로 기획재정부 정책이었다.

　KBS 김원장 기자에 따르면 바이러스에 대응하는 재정부양책으로 우리 정부는 GDP의 3.5%를 썼다(IMF 자료). 뉴질랜드 19.5%, 싱가포르 16.1%, 캐나다 12.5%, 미국 11.8%, 일본 11.3%에 비해서 턱없이 낮다. 국가가 돈을 쓰지 않으면 국민의 부채가 늘어난다. 실제 지난 한해 동안 우리 가계부채는 8.6%P(171조 원)나 늘었다. 같은 기간 미국 국민의 가계부채는 4.9%, 일본은 3.9%, 영국은 6.2%, 이탈리아 3.7%, 스페인은 5.6% 늘었다. 유로존의 평균 가계부채는 4.9% 늘었다(자료 BIS 국제결제은행).

　기재부가 재정 건전성을 지키는 동안 가계부채는 감당키 어려운 수준으로 폭등했고 이젠 가계부채 제한을 위해 살 집을 얻는 전세자금 대출까지 옥죄고 있는 것이 우리나라 기획재정부와 금융 당국의 얼굴이다. 평생 따박따박 월급만 받고 살아온 이들에겐 소상공인의 고통이나 가계부채 같은 것은 남의 나라 이야기쯤 치부되는 꼴이다.

　사정이 이 지경쯤 되면 청와대가 나서서 조율하거나 당·정·청 협의 과정에서 당이 목소리를 더 크게 냈어야 했다. 지난번 재난지원금 88% 지급이라는 전대미문의 미봉책도 당이 협의 과정을 끝까지 밀어붙이지 못했기 때문으로 보인다. 이러나저러나 기획재정부의 압승! 청와대 정책실장도 기재부 제1차관 출신인 이호승 씨가 맡고 있고 기재부 장관도 기재부 출신의 홍남기 씨가 맡고 있으니 당·정·청에서 당을 제외하면 이견이 나오기 힘든 구조가 된 것이다. 이에 대해 쌓이고 있는 불만을 차기 정부가 어떻게 해소할 것인가가 관건이 될 것이다.

언론 개혁, 검찰개혁 이야기를 꺼낼 때 반대파에서 고장 난 녹음기 틀 듯 틀어댔던 '민생 우선 정치'를 실천적으로 보여줄 기회가 왔다. '기획재정부'와 '금융 당국'에 대한 대대적인 개혁 시나리오를 수립하고 이번에야말로 선출 권력이 경제 문제에서 진행 방향도 정할 수 있게 돼야 한다. 선출 권력인 국회와 대통령이 이 나라 국정 전반에 의사결정을 하는 데 반하여 유일하게 '경제정책'만은 소위 '전문가'에게 맡겨 왔는데, 이는 대의민주주의 기본 원칙에서 벗어나는 일이다. 관료 사회의 경직성을 고려하면 기업이나 이익단체의 로비에 오염되기 쉽다. '전문가'라는 외피를 쓰고 경제관료들이 '모피아'라는 집단 범죄 조직을 만들어 물 밑에서 기민하게 움직여 온 역사를 보면 경제정책을 선출 권력이 찾아오는 것이 얼마나 중요한지 단적으로 보여준다.

정기국회가 승부처다

그런 의미에서 국정감사 뒤 정기국회 기간 중 예산과 입법 문제에서 당과 대통령 선거대책위원회가 여러 혁신 과제에 대해 천명하고 주도권을 행사하는 가운데 국회에서 이슈 파이팅을 해야 한다. 때로는 현 기재부의 정책과 잡음이 난다고 해도 감수하고 개혁하는 모습을 보여줘야 한다. 기재부의 곳간 지키기 논리보다 소상공인의 삶 지키기가 우선되도록 해야 하며, IMF나 심지어 미국 국무부까지 요청하는 확장 재정정책을 공격적으로 펼쳐야 한다.

2010년 GDP 대비 국가부채가 80%를 넘었던 독일이 10년간 20% 부채비율을 낮추는 데 몰두하다 코로나19 팬데믹을 이겨내기 위해 단 1년 사이 20%의 국가부채를 늘렸던 사례를 주목해야 한다. 돈을 필요한 곳에 쓰는 데 과감함을 보여야 한다. 수출 경기가 살아나 일부 수출기업들의 실적이 좋아지는 것만으로 민생이 좋아지지 않는다. 적극적인 내수 경기 부양책을 도입해 코로나19의 충격으로부터 빠른 속도로 회복해야 한다. -5% 이상 성장률이 둔화했던 선진국은 코로나19의 출구를 바라보며 매우 공격적인 예산 편성으로 2019년 예상했던 성장률을 대부분 회복하고 있다. 이 흐름에서 선진국과 함께 갈 수 있어야 대한민국 위상이 한 단계 더 올라갈 것이다.

당과 선대위가 민생 입법 과제들을 제시하고 과감하게 법안 통과를 시켜야 한다. 180석을 민주 진영에게 몰아주었던 유권자 속마음은 '검찰개혁'이나 '규제개혁' 같은 작은 카테고리에 묶을 수 없다. 20대 국회의 무능함을 4년간 목격했던 유권자들이 '그게 무엇이든 일 좀 해라'라고 일갈하는 것이다. 차기 정부의 과제를 선도적으로 제시하고 2021년 연말 정기국회 입법 과정에서 국회의 효능감을 유권자들에게 직접 보여줘 2022년 대선에 대한 기대감을 높여야 한다. 지금 양 진영에서 반복적으로 언급하는 네거티브 선거 아젠다들은 결국 '민생'이라는 큰 그림 앞에 그 힘을 잃을 것이다. 집권당이 '유능함'을 보여줘야 중도에서 팔짱 낀 유권자들이 마음을 정하는 것이지 야당과의 타협이 중도층을 설득할 수 있는 것은 아니라는 점을 분명히 알아야 한다.

문재인 정부가 방역에서의 성과를 바탕으로 위드코로나 정책을 공격적으로 짜고, 외치에서 미국과 공조를 통해 남북관계를 남-북-미-중이 함께 풀어내는 그림을 그리는 동안 민주당과 대선 선대본은 내치에서 새롭게 나아갈 그림을 보여줘야 한다. 진정한 팀워크로 이번 겨울을 돌파할 때만 7.1%의 민심이 정권 재창출의 손을 들어줄 것이고, 그것만이 유일하게 문재인 정부의 유산을 지키는 길이 될 것이다. 정권 교체를 원하는 유권자들에게 정권 교체에 준하는 정권 재창출의 길이 어떻게 열릴 수 있는지 보여주어야 한다.

유튜브로 전면에 나서서
소통해야 한다

대통령의 소통은 어떤 식으로 이뤄져야 할까? 문재인 대통령은 2017년 5월 10일 국회의사당에서 제19대 대통령에 공식 취임하며 '국민께 드리는 말씀'을 통해 이렇게 말했다.

국민과 수시로 소통하는 대통령이 되겠습니다. 주요 사안은 대통령이 직접 언론에 브리핑하겠습니다. 퇴근길에는 시장에 들러 마주치는 시민과 격의 없는 대화를 나누겠습니다.

군림하고 통치하는 대통령이 아니라 대화하고 소통하는 대통령이 되겠습니다. 광화문 시대 대통령이 되어 국민과 가까운 곳에 있겠습니다.

군림하고 통치하는 대통령은 아니었지만, 국민과 가까운 곳에서 소통하는 대통령으로서는 남는 아쉬움이 많다. 광화문 시대를 열려는 청와대의 계획은 경호상 이유로 무산됐다. 노무현 대통령 시절의 잦은 대담과 언론 인터뷰 역시 문재인 정부 시절엔 굉장히 제한적으로 이뤄졌다. '어, 이게 아닌데?'라는 의문이 들다가도 보수 야당과 보수언론의 잇따른 문재인 정부에 대한 근거 없는 비난을 접하면 마음이 또 바뀌었다. '아, 그래. 문재인 대통령도 노무현 대통령처럼 오해받게 할 순 없어'

누구하고도 말을 섞고 국민과의 대화, 기자와의 잦은 간담회, 심지어 검찰과의 대화도 자처한 노무현 대통령에게 당시 주류는 어떤 대응을 했었나 상기해보자.

당시 한나라당의 대표적 경제통이었던 이한구 의원은 "노 대통령이 쓸데없는 얘기를 자꾸 해서 국민을 불안하게 만든 측면이 적지 않다" "요새는 (노 대통령이) 입 다물고 계시니까, 효과를 보는 것"이라는 앞뒤 없는 비난을 해댔다.

나경원 의원은 어땠나? 노무현 전 대통령이 2006년 12월 21일 오후 서울 워커힐호텔에서 열린 제50차 민주평화통일자문회의 상임위원회 연설에서 전시작전통제권 단독 행사를 반대하는 전직 국방부 장관들과 군 장성들을 강하게 비판하자 "노 대통령은 입만 열면 설화(舌禍)를 일으키는 개구즉화(開口即禍)" "더 이상 대통령의 발언에 대해 언급할 가치조차 느끼지 못한다"라고 맹비난했다. 전시작전통제권 환수라는 주제는 보수, 진보가 진지하게 토론해볼 주제였지만, 논리에서 이길 수 없었던 보수의 선택은 맥락 없는 비난이었다.

　　노무현 대통령이 2007년 6월 2일 '21세기 한국, 어디로 가야 하나'를 주제로 참여정부평가포럼 월례 강연을 하는 자리에서 한나라당의 그간 활동을 평가하며 이런 말을 했다.

　　만일 한나라당이 정권을 잡으면 어떤 일이 생길까 … 그런데 막상 그렇게 되면 어떤 일이 생길까 생각해 보니까 이게 좀 끔찍해요. 한나라당이 무슨 일을 할까, 이것을 예측하자면 한나라당의 전략을 보아야 되는데 한나라당의 전략이 무엇인지 알 수가 없습니다. 책임 있는 대안을 내놓는 일은 거의 없고 앞뒤가 맞지 않는 주장과 행동, 말과 행동이 다른 주장이 너무 많아서 종잡을 수 없습니다. … 요즘 그 당 후보들의 공약을 보아도 창조적인 전략이 별로 보이지 않습니다. 한마디로 부실하다는 생각이 듭니다. 막연하게 경제를 살리겠다, 경제 대통령이되겠다, 이렇게 말하는 것은 전략이 없는 공허한 공약입니다. 공약이라 할 것도 없는 미사여구입니다.

　　이러한 비판에 당시 한나라당 당 대표 강재섭은 "참평포럼에서의 노무현 대통령 발언은 어지럽고, 천박하고, 내용도 지나치게 선동적이었다"라고 맹비난하는 데 그치지 않고 노무현 대통령과 참여정부평가포럼을 선관위에 고발했다. 제2의 탄핵을 노린 법적 행동이었다.

　　자, 이것이 국민과 소통하고 언론과 소통하는 민주당 대통령에 대한 보수정당과 보수언론의 대응이었다. 문재인 대통령 때라고 달랐을까. 지난 몇 차례 기자 간담회나 신년 기자회견에서 기자들이 보여준 근거 없는 비판과 말꼬리 잡기식 질문을 떠올려 본다면 '소통'이라는 것이 의욕처럼 이뤄질 수 없는 일이라는 데 많은 분이 동의할 것이다.

노무현 대통령이 직접 시민과 소통할 방법은 게시판이었지만, 2022년의 대한민국에서 대통령이 국민과 소통할 수 있는 플랫폼은 별처럼 많다. 대표적으로 유튜브가 있다. 유튜브가 세상에 첫선을 보인 것은 2005년이었다. 15년이 흘러 유튜브는 1분마다 400시간의 영상이 올라오는 동영상 분야의 독점적인 공급 플랫폼이 됐다.

정치인은 자신의 언론을 가져야 한다

2016년 총선 기간 페이스북에서 매년 개최하는 개발자 콘퍼런스를 통해 페이스북이 라이브 기능을 대대적으로 홍보한다는 사실을 알았다. 총선 승리 후 카메라, 마이크, 오디오 믹서, 비디오 연결 장치 등을 사들였다. 정치 콘텐츠에서 가장 중요한 것은 오디오라고 생각해 비디오보다는 마이크와 오디오 믹서를 더 신경 써 구매했다. 페이스북의 마크 저커버그가 페이스북 라이브를 흥행시키리라 공언한 대로 페이스북 타임라인에서 라이브의 노출 빈도는 상당히 높았다.

대담 프로그램으로 콘셉트를 잡고 손혜원 의원과 대담을 나눌 상대방을 찾았다. 손혜원 의원이 주진형 대표를 섭외했다. '경제 알아야 바꾼다'라는 제목으로 당시 대선을 앞두고 경제 콘텐츠를 알리는 게 좋겠다고 판단했다. 페이스북에선 라이브로 60~90분 정도 방송했다. 주 1회로 12회 분량을 소화했다. 오디오는 오디오 믹서에서 별도로 녹음해 오디오 콘텐츠로 편집해 팟캐스트에 올렸다. 유튜브용으로는 별도 카메라로 녹화해 업로드했다. 페이스북은 회당 조회 수 10만, 팟캐스트는 총 다운로드 수천만 회를 기록했고 유튜브도 구독자 3만 명을 넘어 당시 정치인 기준 1위를 차지했다. 회당 조회 수도 적게는 10만에서 많게는 50만 회를 기록했다. 3회차 방송을 마치고 "기왕이면 책으로도 냈으면 좋겠다"라고 기획안을 낸 기획자를 정해 책을 준비했다. 방송을 마치면 바로 녹취하는 형태로 방송을 마치고 한 달 만에 〈경제 알아야 바꾼다〉라는 동명의 책을 발간했고 5만 부 이상의 판매액을 올렸다.

대선을 치른 후 바로 조국 교수의 민정수석 임명에 맞춰 최강욱 변호사를 섭외해 '검찰 알아야 바꾼다'를 같은 형식으로 진행했다. 이후 '마케팅 알아야 바꾼다', '역사 알아야 바꾼다'로 콘텐츠는 성장했다. 이 과정을 통해 손혜원 의원은 상당히 단단한 열혈 지지자 그룹을 만들 수 있었고 '언론을 통하지 않고 정치하는 법'에 감을 익혔다. 이후 4년간 유튜브 채널은 23만 명 구독자로 민주 진영 정치인 중 가장 많은 구독자를 확보했고 SBS 보도로 촉발된 목포 투기 의혹 때 방어기지로서 톡톡히 역할을 해냈다.

2019년 의원실을 나와 독립하며 가장 먼저 준비한 것도 유튜브 채널이었다. 페이스북보다 확장력이 더 크다고 봤고, 자기도 무언가를 쓰며 교류해야 하는 페이스북이나 트위터와 달리 유튜브는 보는 것만으로도 소속감을 느낄 수 있도록 설계돼있어서 지지자들의 결집이 쉽다고 봤다. '김성회'라는 이름의 60만 구독자를 확보한 유명 유튜버가 있어 부득이 '옳은소리'로 채널 이름을 정했다. 자유한국당 황교안 대표가 주도했던 당 유튜브 '오른소리'에 대항하고 반박하면서 가짜뉴스를 잡는 채널로 성격을 규정하고 콘텐츠를 제작하기 시작했다. 초반에는 《김용민TV》《이동형TV》《시사타파》《다스뵈이다》 등에 출연해 홍보하며 기본 구독자 5만 명을 확보했다.

이후 좀 더 적극적인 소통의 창구를 열고자 매일 아침 뉴스브리핑을 하는 콘텐츠를 준비했다. 저녁 시간은 개인 약속도 많았지만, 이미 기라성 같은 유튜브 채널들이 정기적인 방송을 하고 있었다. 하루 중 가장 많은 접속자를 자랑하는 곳은 《김어준의 뉴스공장》이었다. 뉴스공장을 본 유튜브 이용자들이 이동할 곳으로 프로그램의 성격을 잡고 '아침부터 옳은 소리'라는 콘텐츠를 제작했다. 팟캐스트에도 올릴 것을 고려해 오디오 장비를 업그레이드하는 데 가장 많은 신경을 썼다. 오디오 믹서는 'Podtrak P8'이란 기종으로 미국에서 출시했던 달에 직구로 샀다. 매일 아침 5시 반이면 일어나 아이패드를 통해 일간지 6~8종을 훑으며 그날의 주요 기사를 토픽별로 추렸고, 참고 자료나 논문, 법안 검토보고서 등을 준비해 뉴스공장이 끝나는 오전 8시 55분 어김없이 방송을 했다. 부득이한 사정으로 병원에 입원했던 일주일을 제외하면 한 번도 빠지지 않고 월~금 5회 방송 패턴을 이어갔다.

하루에 3~5꼭지의 뉴스를 소개한 후 방송 청취자들과 '즉문즉답' 코너에서 직접 소통했다. 평소 라이브 시청자 수는 5,000~8,000명 사이를 기록하는데 뉴스브리핑이라는 메인 콘텐츠가 끝나고 나서도 이탈자는 1,000명을 넘지 않고 즉문즉답을 기다렸다. 그날 했던 브리핑에서 궁금한 점이나 본인 주장, 다루지 않았던 주제에 대한 궁금증들이 많이 올라왔다. 눈에 띄는 대로 읽고 답변했다. 그러다 보니 중간에 방송이 계속 툭툭 끊겼으나 사람들은 오히려 흥미를 더 느꼈다. 방송 내용이나 정치인 김성회에 대한 비판도 자주 올라왔는데 가감 없이 읽고 해명할 수 있는 건 해명하고, 반성할 건 반성했다.

1년 반 넘게 즉문즉답을 진행하다 보니 정치인 김성회의 생각에 많은 사람이 이해도를 높였다. 모든 주장에 찬성하진 않아도 왜 그런 결론에 도달하게 됐는지 지지자들이 이해해주었다. 이는 정치하는 내 처지에선 굉장한 자산이 됐다. 본 방송은 건너뛰고 즉문즉답만 본다는 사람들도 생겨났다. 이 과정에서 유권자들이 지금 목말라 하는 이야기가 무엇인지, 그들이 하는 주장은 무엇인지 들을 기회가 됐다.

SNS에 광범위하게 유통되는 진영 논리와 다른 답을 해야 할 때도 있었다. 처음에는 두려움도 일부 있었으나 '즉문즉답'이라는 형식에서 볼 수 있듯, 질문을 피하지 않는 모습 자체에서, 많은 지지자가 내 진정성에 작은 믿음을 쌓아가기 시작했다. 단순한 정보를 유통하던 유튜버에서 정치인으로 확실히 자리매김할 계기가 됐다.

유권자와 직접 소통, 후보의 장점을 살려라

선거 기간부터 후보가 직접 유권자와 소통하는 방식은 어떨까? 그 소통이 이어져 대통령 당선 후에도 시민과 직접 소통하는 방식을 통해 국정운영 방향을 설명한다면 국민과의 거리는 한층 더 가까워지지 않을까? 선거 시기 매일 아침 정해진 시간에 고정 채널을 통해 '오늘의 이슈' '오늘의 홍보 포인트' '오늘의 정책' 등을 후보자와 캠프 구성원들이 직접 브리핑 하며 소통한다면 선거운동의 일대 전기를 마련할 수 있을 것으로 본다.

월요일은 재정, 국가 예산, 화요일은 노동, 노조, 안전, 수요일은 환경, 기후변화, 탄소중립, 목요일은 사회복지, 세금, 금요일은 문화 산업, 미래 산업 등으로 요일별 주제를 정해두고 매주 반복적으로 메시지를 쌓아가며 방송을 보는 지지자들을 무장시키고 서로의 결속력을 높이는 것은 훌륭한 선거운동이 될 것이다.

모든 선거운동본부는 아침 회의를 통해 그 전날 일을 점검하고 당일 해야 할 과제를 공유한다. 전략본부가 세운 기조는 홍보본부와 공보본부로 전달된다. 홍보본부는 전략팀의 메시지를 구체적인 구호로 바꾸고 온라인, 오프라인 홍보전략을 세운다. 전국적으로 이른 시간 안에 퍼뜨려야 하는 메시지라면 현수막을 걸고 그 현수막을 다시 사진으로 찍어 온라인에 공유하는 방법을 사용하기도 한다.

공보본부는 전략팀의 메시지를 소화해 대변인단의 성명으로 방송에서 발언으로 퍼뜨려 간다. 선거에 함께하고 싶은 유권자들은 이 과정에서 정보를 얻을 수 있는 통로가 분산돼 있다. 무얼 받아서 어디에 퍼뜨려야 하나 생각하면서 아침부터 라디오를 듣기도 하고 유튜브에서 구독해놓은 채널의 알람이 뜨면 방송을 듣기도 하고 자주 드나들던 커뮤니티에 가서 오늘의 주목받는 글이 무언지 확인하고 읽어보기도 한다.

선거운동본부의 메시지는 결국 압축돼 후보의 연설이나 언론 인터뷰로 퍼져나간다. 직접적인 워딩도 있지만 한 단계 건너서 이해해야하는 문제가 생기기도 한다.

아무리 선거 홍보전략이 현대화하고 기술적인 진보가 이뤄져도 이웃의 구전만큼 무서운 것이 없다. 문제는 정보의 홍수인 이 세상에서 '무슨 정보'를 선택해 옮길 것인가가 대통령 선거에 일조하고자 하는 지지자들의 관심사다. 정보를 얻을 곳이 넘쳐나니 그중 '옳은 정보'를 골라내는 눈까지 갖춰야 하는 세상이 돼버렸다.

예전 같으면 저녁에 KBS나 MBC 9시 뉴스 보고 아침에 일어나 중앙 일간지 두세 개 정도 훑어보면 '아는 사람'끼리 대화를 나누기 충분했다. 그 과정에서 정보 '유통'의 독점이 일어났고 이 '독점'은 한 발 더 나가 보수언론의 '프레임 짜기'를 가능하게 만들었다. 불과 10여 년 전만 해도 보수언론이 '이 방향이 이번 대선 방향이다'라고 손가락으로 가리키면 모든 정치인과 유권자들이 그 방향을 바라보았던 기억을 갖고 있을 것이다. 프레임이라는 거 별거 없다. 동네 사람들이 떠들고 다니는 이야기, '구전의 방향'이 바로 프레임이었다.

이젠 이 '프레임 짜기 전쟁'에서 민주 진영이 밀릴 이유가 없다. 대선 과정에서 가장 빠르고 정확한 정보를 유통할 수 있는 곳이 바로 선거운동본부다. 앞에서 말한 회의 과정에서 공유한 내용을 정리해 유권자들에게 전달하는 것이 가장 '정확한 소스'가 될 것이다.

후보자가 아침마다 오늘의 선거운동의 콘셉트와 주제를 설명하고, 각 분야 캠프 책임자들이 홍보 방법, 외쳐야 할 구호, 꼭 알아야 할 정책을 설명한다면 지지자들이 포털사이트나 유튜브 채널에서 무엇인가를 검색하며 하루를 시작할 필요가 없어질 것으로 본다.

동시에 지지자들과 반대자들로부터 가감 없이 질문을 받고 대답하자. 직접 소통에 능한 후보의 장점을 살리면서 소통하는 모습을 보여주자. 청년층이 민주당을 외면한 가장 큰 이유 중 하나는 '인정하지 않고 사과하지 않는' 문화라 본다. 감당하기 어려운 질문까지 읽어가며 소통하려는 후보의 모습을 직접 지켜보는 유권자의 생각은 굉장히 많이 바뀔 것이다. 이 소통의 과정을 통해 지지자들과 유권자의 생생한 목소리를 듣는 것 또한 큰 성과다. 직접 소통의 시대, 보좌관이나 참모를 거치지 않은 후보자의 생생한 육성을 듣고자 하는 유권자의 요구에 답할 시간이다.

유튜브에 근거지를 만들어야 한다

구체적인 목표를 세우자. '선거 기간 100만 구독자 돌파'를 목표로 세우고 구독자를 맹렬히 모으는 것을 선거운동으로 소화해야 한다. 그냥 좀 관심을 두고 지켜볼 구독자를 넘어서 프레임을 짜고 프레임을 퍼뜨리고 주변 사람을 설득할 '운동원'을 모집해야 한다.

그렇게 모인 구독자들이 선거운동본부와 후보자의 이야기로 무장해 구전 홍보에 나선다면 그 효과는 막강할 것이다. 말 그대로 시시각각 변하는 대선 정국에서 100만 구독 대군이 매일 아침 후보와 함께 소통하며 메시지를 이해하고, 선거운동본부가 강조하는 그 날의 임무를 숙지하고 단일한 목소리로 전국 방방곡곡에 메시지를 전달한다면 이보다 더 강력한 선거운동 방법은 없다.

이런 소통은 선거운동 기간에 국한해선 안 된다. 선거에서 이긴 후 국정운영에서 국민의 지지를 계속 이어가려면 대국민 소통이 지속해서 이어져야 한다. 이러한 소통을 가로막는 것은 '하고 싶지 않은 이야기'가 나오는 정치적 속성 때문이다.

정치를 하다 보면 답변하기 곤란한 이야기가 필연적으로 나올 수밖에 없다. 공중파 몇 개에 중앙 일간지 몇 개가 모든 것이던 시절에는 소위 몇몇 언론사 사주와 편집국장과의 밀약만으로도 하고 싶은 이야기는 퍼뜨리고 하고 싶지 않은 이야기는 묻을 수 있었다. 하지만 세상이 달라져 이제 정치인이 이야기 유통을 취사선택할 수 없게 됐다. 취사선택할 수 없다면 방법은 하나, '내 버전의 이야기'가 돌게 하는 것이 최선이다. 유권자들은 질문을 외면하는 정치인보다는 질문에 '나만의 대답'을 할 정치인을 선호한다.

'나만의 대답'을 하는 대통령의 모습이 21세기 지도자의 모습이다. 매주 국정 라디오 형식도 좋고 참모진 혹은 장관과의 공개 회의

중계 방식도 좋다. 중요한 것은 그 이야기를 듣는 유권자들의 이야기
(주로는 댓글의 형식을 띨 것이다)를 대통령 역시 듣고 있어야 한다는 점이다.
쌍방향 소통이라는 방식이 도입되면 유권자들의 몰입도는 한층 높아
질 것이다. 현실에서 궁금해하는 사안을 국민에게 직접 설명하고, 그
것을 넘어 국민의 질문에 직접 대답하는 대통령의 모습을 기대하는
국민이 많다.

공중파와 일간지 너머 저편으로

노무현 대통령은 앞에서 언급했던 참여정부평가포럼에서 "청와
대에서 매일매일 언론한테 얻어맞고, 한나라당 한마디 하면 톱기사로
올라가서 또 얻어맞고, 맞다가 오늘 저 혼자 아무도 안 말리는 데서
일방적으로 한번 해 보니까 기분 좋습니다"라며 고립무원 청와대의
외로움을 토로한 적이 있다. 공중파 TV가 위력 있었던 것은 전국 모
든 텔레비전에 자신의 방송 콘텐츠를 내보낼 수 있었기 때문이었다.

2011년 97.5%였던 텔레비전 보급률은 2020년 94.3%로 떨어져
스마트폰 보유율인 95% 아래로 내려갔다. 미국 시장조사기관인 퓨
리서치(Pew Research)가 세계 27개 국가를 대상으로 조사한 결과 스마
트폰을 사용하는 사람들 비율이 가장 높은 국가는 우리나라로 드러
났다. 제도권 언론의 영향력이라는 것의 실체는 전국에 신문을 배급
할 수 있는 배급망을 가졌는가, 전국 방방곡곡 텔레비전 수신기에 전

파를 보낼 수 있는가였는데, 스마트폰 보급으로 이런 특권은 깨졌다고 보는 것이 마땅하다. 2002년 노무현 대통령을 일방적으로 몰아붙이던 언론지형과는 완전히 다른 국면이 열렸다는 방증이다. 결국 누가 먼저 더 적극적으로 소통할 것인가에서 승부가 갈릴 것이다.

아침 출근길에 대통령의 조찬 브리핑을 듣는 국민의 모습을 상상해보라. 아침 밥상에 앉아 스마트폰을 열고 된장국에 아침을 먹으며 유권자들과 댓글로 소통하는 대통령의 모습을 상상해보라. 이 모든 일이 기업이나 언론 도움 없이 스마트폰 하나로 가능한 세상이라는 점에서 새로운 소통의 장이 열린다면 새 정부 국정운영에서 수많은 지지자를 확보할 수 있을 것이다.

불평등 문제,
기득권 세력과의 싸움이다

'재정 건전성'이라는 미신 타파 없이 불평등 문제의 해결은 요원하다. 대한민국을 '헬조선'이라고 경멸하는 이름으로 부르는 이유는 '각자도생'이라는 네 글자로 충분히 설명할 수 있다. 힘들어도 이겨내는 것은 자기 몫이고 힘들게 이겨내 가져가면 다 가져도 그만이라는 생각 역시 충만하다. 세금을 더 내서 사회안전망을 확충하자거나 정규직 임금 체계를 허물어 비정규직의 처우를 개선하자는 말을 꺼내는 진보 진영보다 좀 더 공정한 경쟁 체제를 만들어 살아남는 자가 '공정'하게 다 가져가는 룰을 강조하는 보수 진영의 주장이 더 많은 공감을 끌어내고 있다. 모두가 불안한 탓이다. 모두가 함께 잘 살 수 없다면 살아남은 사람만 잘사는 게 어떻냐는 주장에 많은 국민이 공감하는 이유는 특히나 '은퇴 이후'가 불안하기 때문이다.

왜 우리는 은퇴 이후를 불안하게 생각하게 됐을까? 조금은 오래된 이야기지만 국민연금의 탄생을 돌아보자. 국민연금법이 제정되었던 1986년 전두환 5공화국 당시 우리나라 재정 상태는 매우 취약했다. 산업을 일으키려면 돈이 필요한데 당장 관료들이 마음대로 쓸 수 있는 현금이 없었다. 이자율은 터무니없이 높아 채권으로 비용을 충당하기도 쉽지 않았고, 은행 저축 장려도 그런 차원에서 이뤄졌다. 국민연금 도입은 '노년층의 안전망'이라는 기본 취지 때문이라기보다 '국민에게 연금이란 명목의 예금 유치를 독려'할 목적으로 만들어졌다는 의심이 든다. 그렇게 모인 재정을 바탕으로 기획재정부 관료들은 산업을 지원했다. 국민이 모은 돈을 일부 관료들이 쥐고 흔들면서 모피아의 역할이 더욱 도드라지게 됐다. 어떤 큰손보다도 더 큰 돈을 들고 있는 자들이 바로 공무원이었으니 말이다.

연금이라는 제도가 생소했던 당시, 적지 않은 돈을 내놓아야 했던 시민 처지에선 정부가 '은퇴하면 더 많이 줄 테니 일단 돈을 내놓아라'라며 요구하는 것으로 국민연금을 이해했다. 큰 틀에서 국민연금은 부과식과 적립식이 있다. 부과식은 올해 걷어 올해 국민연금을 나누어주는 방식이다. 즉 현세대가 국민연금을 받는 노년 세대의 비용을 부담하는 것이다. 적립식은 반대로 내가 저축해 둔 돈을 나중에 찾아 쓰는 개념이다. 현재 대부분 국가는 부과식으로 제도를 운용하는데 우리나라는 도입 당시 적립식을 선택했다.

'여러분이 내시는 돈은 세상 어느 은행에 굴려도 국민연금만큼 돌려드리지 못합니다'를 제목으로 당시 국민에게 '세금을 더 낸다'는 저항을 최소화하고 가입 가능한 모든 대상이 가입하도록 독려했다. 여기서 큰 공백이 하나 생기는데 1980년대 당시 이미 은퇴를 앞둔 장년층과 은퇴한 노년층에 대한 연금 지급이 적립식 아래에선 불가능하다는 점이었다.

'각자도생'이라는 키워드를 가장 극명하게 보여주는 사례다. '당신이 내지 않았으니 연금을 못 타는 것은 당연한 것 아니오?'가 당연한 사회에서 불평등은 강화될 수밖에 없다. 도입 당시에는 감추고 있었으나 국민연금은 기본적으로 '노인 복지'를 위한 제도다. 국민연금의 시작이라고 하는 독일의 비스마르크가 도입했던 것도 '노령연금'이었다. 노령연금 없는 대한민국은 말 그대로 '돈 때문에 살고 돈 때문에 죽는 사회'가 됐다. 노인빈곤율과 자살률이 모든 걸 말해준다.

노인을 안 보는 나라

한국경제연구원이 2021년 2월 17일에 발표한 보도자료 '한국, 고령화 속도 가장 빠른데 노인빈곤율은 이미 OECD 1위'에 따르면 2018년 기준 한국의 노인빈곤율(43.4%)은 OECD 국가 중 가장 높았다. 이는 OECD 평균(14.8%)의 약 3배 수준이다.

노령화 속도는 가장 빠른데 노인빈곤율은 허용치를 한참 넘었다. 가족 부양이란 개념이 무너진 지도 오래고 산업화 역군인 노인층은 빠르게 몰락하고 있다. 국민연금을 제대로 받아도 은퇴 후 존엄한 삶을 살기엔 턱없이 부족한 액수인데 그마저도 아예 없는 노년층은 더욱 힘들어졌다. 그 결과 OECD 국가 중 거의 전례를 찾아 볼 수 없는 노인 자살률이 어두운 그림자를 드리우고 있다.

보건복지부가 펴낸 〈2021 자살예방백서〉를 보면 현실이 더 또렷이 보인다. 2019년 자살자 수는 13,799명으로 자살률(인구 10만 명당 명)은 26.9명이나 됐다. 이 중에서 노년층 자살률은 심각하다는 말로 설명하기 어려운 수준에 이르렀다. 연령별 자살률(인구 10만 명당 명)은 80세 이상(67.4명), 70대(46.2명), 60대(33.7명) 순으로 높았다. 2010년에 65세 이상 자살률이 81.9명이었던 것에 비하면 많이 떨어진 수치지만 OECD 회원국의 노인 자살률(인구 10만 명당 명) 평균 17.2명에 비해 한국은 46.6명('19년)으로 1위, OECD 평균보다 2.7배 높다. 전체 자살률을 노인 자살률이 엄청난 비율로 끌어올리는 것이다. 건강이 나빠지고, 살길이 막막한 노인들이 죽음을 택한다. 노인들 죽음 그 자체로도 큰 문제지만 이러한 노년층에 대한 안전망 부재는 전체 경제에도 악영향을 미친다.

노년층의 어려움을 현실에서 지켜본 많은 국민은 늙어서 '각자도생'을 대비해 소비하지 않게 된다. 경제 활동층이 소비하지 않으면 전체 경기에도 악영향을 미친다. 국민연금은 그렇게 모은 돈으로 채권이나 주식을 사서 주가를 부양한다. 주식을 사고파는 행위 자체도 소득이 있는 층이나 할 수 있는 일이다.

전 국민에게서 걷은 국민연금은 경기부양이라는 '관료'의 지시하에 분배된다. 통제권을 가진 관료들을 포섭하기 위한 기업의 활동은 강화된다. 모피아와 퇴직 관료들의 일자리는 그렇게 만들어지고 일자리를 만들어 줄 기업으로 연금은 쏠리게 된다.

불평등을 해소하기 위해 설계했어야 했던 국민연금은 이렇게 관료들의 손에 좌지우지되는 경기부양 자금으로 쓰일 뿐, 본래 목적인 노령연금의 기능은 하지 못하고 있다. 불평등의 종류를 꼽아보자면 끝이 없다. 비정규직, 교육 제도, 부동산, 수도권과 지방의 격차 등 세상에는 수많은 불평등이 존재하며 각자가 각자의 이유를 갖고 해결되지 않은 미완의 과제로 계속 사회 발전의 동력을 훼손하고 있다. 불평등을 해소할 방법을 놓고도 백가쟁명식 토론이 이어진다.

문제는 효능감이다. 저부담 저복지 국가를 탈출해 중부담 중복지 국가로 가는 길은 중복지를 먼저 실현해 복지 혜택을 보게 하고 증세 방법과 증세, 복지 혜택 증가를 동시에 하는 방법이 있다. 기재부 관료들의 '재정 건전성' 마인드를 고려하면 선 복지 후 증세는 있을 수도 없는 일이다. 그러니 증세와 복지를 함께 늘려야 하는데 증세라는 키워드를 선거 때 용감하게 꺼내 들고 낙선의 길을 걸어갈 정치인이 없다. 사정이 이렇다 보니 저부담, 저복지 구조를 바꿀 모멘텀을 찾지 못한 채 '증세 없는 복지' 같은 허구적 신화로 땜빵을 하며 벌써 21세기가 20년이나 지나버렸다. 우리나라의 조세 부담률은 20.1%로 OECD 평균 24.9%보다 한참 낮은데 아직도 감세라는 당의정을 유권자 입에 넣으려는 보수 정치인들이 다수 있다.

그나마 우리는 문재인 케어와 노인 연금의 증액을 통해 복지의 맛을 살짝 봤다. 암 보험 없이 암에 걸렸다 아파트를 팔아야 했던 과거의 모습을 돌아보면 사회안전망이 주는 효능감에 많은 국민이 눈을 떴으리라 본다.

증세에 앞서 사회안전망을 먼저 깔아야 한다

모든 국민이 효능감을 느낄 수 있는 사회안전망은 '전국민고용보험제 도입'과 '국민연금의 실질화'를 들 수 있다. 특히나 노령연금으로서 당연히 기능해야 할 국민연금이 '정규직으로 노동해 온 노동자'를 위한 노령연금으로 역할이 축소된 것도 큰 문제다. 18~59세 임시·일용 비정규직 노동자 중 국민연금 가입률은 고작 42.8%로 상용 정규직 노동자의 93.7%의 절반 수준에 그치고 있다. '돈을 내지 않았으니 늙어서의 인생은 알아서 살라'고 정부가 벼랑 끝으로 내몰 일이 아니다. 더군다나 지금 노령연금도 자식의 부양 없이 고통받는 노년층은 '국민연금의 존재 자체가 없던 시절부터 대한민국 발전을 위해 평생을 헌신해 온 산업화의 역군들 아니었던가.

노령연금의 실질화, 주거 복지, 의료 복지 등 노인층 생존을 위한 불평등 해소를 첫 번째 과제로 세워야 한다. 인간은 누구나 늙는다. 시할머니에 시아버지에 시동생까지 3대를 모시고 사는 대가족은 이제 불가능하다. 각자 세대가 생존에 골몰하면서 가족 제도는 빠른 속도로 해체됐다. 모두가 걱정하는 노후를 국가가 책임지는 그림을 보여주는 것으로 불평등 해소의 모범 사례를 만들어야 한다. 안심하며 늙을 권리가 보장된다면 증세에 대한 국민 여론도 달라질 것이다. 대기업에 다녀야만 가능했던 고용보험 제도가 어디서 어떻게 일하든 크레딧으로 축적된다면 그 또한 고용보험 재원 마련을 위한 증세의 여론을 돌려세울 것이다. 그림만 보여주고 국민의 지갑을 여는 것은 어렵다. 실제로 경험해본 복지로 만족을 느낄 때만 국민의 동의를 끌어갈 수 있을 것이다.

이 과정에서 관료의 저항은 공격적으로 일어날 것이다. 두말할 것 없이 기재부의 반대가 격심할 것이다. 소위 '재정 건전성'이라는 논리를 들고나와 대한민국의 복지 사회 발전에 제동을 걸 것이다. 지난 기간 재난지원금 지급의 과정을 통해 우리는 기재부의 전횡을 똑똑히 목격했다. 그들 주장대로 재정 건전성을 유지하기 위해 전 국민 재난지원금이 불가하고 선별적으로 지원하는 게 맞았다고 하더라도 그들은 선별적 재난지원금 지급에 대한 준비조차 전혀 없었던 것을 기억할 것이다.

정치권과 기재부가 80%냐 88%냐 100%냐를 놓고 싸웠던 때에도 그 80%를 어떻게 선정할 것인지 준비해두지 않아 건강보험공단의 자료를 사용하는 지경에 이르렀다. 주변에 혼자 전세 사는 40대 자영업자가 코로나로 직격탄을 맞아 연 수입이 3천만 원이 채 되지 않았으나 대한민국 상위 12%에 해당해 재난원금을 못 받는 사례가 있었는가 하면 섬 연구소장 강제윤 씨는 1,005만 원의 수익에 8,100만 원의 재산을 갖고 있다는 이유로 지역 건강보험을 20만 원이나 내고 있었지만, 그 역시 대한민국 상위 12%로 인정되어 재난지원금을 받지 못했다.

건강보험공단의 이 엉터리 지역보험료 계산은 논외로 하더라도 재난지원금 문제가 2020년 3월에 불거진 점을 생각하면 기획재정부는 지금보다는 나은 '소득 수준 결정법'을 진즉에 만들어두었어야 했다. 열린민주당은 작년 총선 과정에서 어느 정당보다도 먼저 '경기부양을 위한 전 국민 재난지원금 지급'과 소득 분위별 형평을 위해 '사회연대세'를 도입해 다음 해 소득세 기준으로 상위 00% 이상의 납세자에겐 지급했던 재난지원금을 거둬들이는 방식을 제안한 바 있다. 아래로부터 몇 %인지 따지기는 어렵지만, 상위 소득은 분명하게 국세청을 통해 확인되니 코로나 시국에도 많이 번 사람들은 그다음 해에 재난지원금을 '사회연대세' 형태로 국가로 반납하자는 제안이었다. 물론 기재부는 콧방귀도 뀌지 않았다. 자신들이 모든 것을 제어할 수 있어야 하는데 전 국민에게 재난지원금을 주자는 것도, 국세청을 통해 소득 확인을 하자는 것도 전부 마음에 들지 않았을 것이다.

재정 건전성을 해체하라

이처럼 '재정 건전성'이라는 칼을 들고 정치권의 '대한민국 미래 결정권'을 기재부가 제한하는 것은 매우 바람직하지 못한 일이다. 대의민주주의에서 입법부는 국가가 걷은 세금을 어떻게 쓸지 정할 권리가 있다. 그래서 세법이라는 것을 만들 권리를 국회에 준 것 아닌가. 사회 모든 분야의 분쟁 해결을 국회가 담당하고 있는 현실에서 유독 '재정' 문제만큼은 기획재정부 관료들에게 맡겨야 한다는 발상 자체가 관료 중심의 사고라는 점을 지적하지 않을 수 없다.

자신들이 '전문가'이기 때문에 결정권을 가져야 한다는 것인데 전문가는 그 의견을 국민 앞에 소상히 설명하는 것이 본분이고 국가 재정을 어떻게 쓸 것인지에 관한 권한은 전적으로 국민의 대표인 국회에 있어야 한다는 점을 관료들도 이해할 때가 됐다. "경제는 정치 논리가 아니라 경제 논리로 풀어야 한다는 말도 민주주의에 대한 불신을 반영한다"라는 말에 격하게 공감하게 되는 대목이다.

신자유주의자들과 관료는 '선거로 선출된 자' 즉 정치인에 대한 불신이 크다. '너희들은 표를 위해 나라 재정을 들어먹을 자들이니 이 곳간 열쇠는 내가 들고 내가 원할 때만 열겠다'라고 고집을 피운다. 기재부 개혁은 민생과 직접적으로 맞닿아 있다는 점에서 검찰개혁이나 언론 개혁만큼 중요한 과제인데 역대 정부에선 최우선 과제로 대두되지 못했다.

검찰개혁의 요체가 수사권과 기소권 분리였다면 기획재정부 개혁의 요체는 기획과 재정의 분리라고 할 수 있다. 문재인 정부 출범 초기 인수위원회조차 구성할 수 없는 긴박한 상황에서 기획재정부의 분리는 제대로 논의를 진척하지 못했다. 당시 더미래연구소는 "기재부를 국가재정부(예산·조세·국고)와 금융부로 나누거나, 경제 부총리를 폐지하고 기획예산처(예산·경제기획)와 재정금융부(세제·금융)로 분리하"

는 안을 제시했었다. 이명박 정부가 예산, 세제, 금융을 하나로 묶어 4대강 사업 등에서 업무를 대통령 뜻대로 하기 위해 부처를 합쳤던 부작용을 지금 우리가 겪고 있는 셈이다.

당시 학계에서도 "기획재정부는 실질적으로 다른 부처들을 압도하는 '수석 부처'로서의 역할을 유지하면서, 과거 재정경제원과 같은 거대 부처에서 발생한 문제를 유발할 가능성이 충분한 것으로 분석되었다"며 기재부의 전횡을 경고한 바 있었다. 이 덩치 큰 조직은 그 이후로 그대로 살아남아 사실상 보수, 진보정권 아래에서 본인들의 영향력을 그대로 유지해왔다. 견제받지 않는 권력의 방종을 여기서 끝내야 한다. 역할을 나누고 서로 견제하고 감시하도록 판을 짜는 것이 정치의 역할이다.

기획재정부의 전횡을 정리하고 나면 예산편성권의 입법부 이전, 감사원 회계 감사 기능의 국회 이전 등의 개혁 정책도 추후 고려해야 한다. 20대 때 행정고시에서 좋은 점수를 받았다는 한 가지 이유로 관료들이 너무나 오랜 기간 나라의 근간을 지배해왔으며, 그 과정에서 금융사, 대기업 등과 유무형의 결탁을 통해 사실상 대한민국을 경영(?)해왔다. 대한민국 모든 주권은 국민에게서 나오며 국민이 선출한 권력이 마땅히 대한민국을 경영해야 한다. '엘리트 관료'에 의한 지배 체제를 종식하는 것이 불평등 사회에서 어떻게 탈출할 것인가 하는 대책을 '관료'가 아닌 '정치'가 짜는 출발점이 될 것이다.

상위 20%라는 적

20대 80의 사회 논쟁이 활발하다. 이철승 교수의 〈불평등의 세대〉와 리처드 리브스의 〈20 vs 80의 사회: 상위 20퍼센트는 어떻게 불평등을 유지하는가〉를 통해 문제의 본질에 한 발 더 접근할 기회로 삼을 수 있을 듯하여 여기 소개한다.

이철승 교수는 〈불평등의 세대〉에서 386 출신으로 시민사회, 정치권, 기업으로 간 사람들과 당시 노동운동을 시작해 현재 정규직 노조에 속해있는 사람들이 과거 민주화 투쟁 시절부터 다져온 공고한 네트워크가 어떻게 현재 작동하고 있는지 보여준다.

이철승 교수는 그런 결과로 대기업-정규직-노조, 대기업-비정규직-노조, 중소기업-정규직-노조에 속한 사람들의 지위가 세습되고 있다고 설명했다. 2030이 절망하는 이유다.

2017년 리처드 리브스(Richard Reeves) 부르킹스 연구소 경제 분야 선임연구원이 쓴 〈Dream Hoarders(원제)〉가 비슷한 주제를 다뤘다. 한국어 제목은 〈20 vs 80의 사회: 상위 20퍼센트는 어떻게 불평등을 유지하는가〉(민음사)로 바뀌어 나왔다. 원제는 꿈(Dream)을 긁어모으는 자(Hoarders), 아메리칸드림을 독점하는 미국 사회 20% 중상위층에 대한 신랄한 비판이다.

책은 조국 후보자 논란이 한창일 때 나왔다. 여기저기서 날 선 공방이 이어지고 세대 간 이해 차이, 계층 간 견해 차이가 아주 격렬하게 충돌한다. 서로 '뭘 이렇게까지 하나' 싶은 분들께 〈불평등의 세대〉와 〈20 vs 80의 사회〉 두 권을 다 읽어보시라 권하고 싶다.

국회 보좌관으로 일하며 나 역시 1%의 재벌, 거대 자본을 비판하는 일에 인색해 본 적이 없다. 하지만 대상이 20%로 늘어나면 어떠한가. 민주당은 그 20%에 대해 한 번도 싫은 소리를 해본 적이 없다. '어느 정당도'라는 표현이 맞겠다. "증세 없는 복지" "남북경제 활성화를 통한 복지" 세금을 더 내야 할 대상에게 세금을 내라고 말할 수 없는 여의도의 현실을 보여주는 구호들이다.

〈20 vs 80의 사회〉는 오큐파이 월스트리트 운동 때 퍼져나갔던 1 대 99의 구도가 허구임을 드러내는 책이다. 진보적인 지식인들, 전문직 종사자들, 관료들, 기자들, 정치인들이 포함된 상위 20%가 얼마나 단단한 계층인지를 실증적 자료와 함께 증명한다. 부모가 둘 다 대졸이고 고액 연봉자이면 자기 자녀를 위해 유리 바닥을 쳐준다. 20% 아래로는 절대 내려가지 않도록 말이다. 그 유리 바닥이 공고해질수록 "아메리칸드림"을 꿈꾸며 내게도 올 '평등한 기회'를 기다리며 죽으라 노력하는 80%의 유리 천정이 더욱 단단해지고 있음을 실증적 데이터를 통해 역설적으로 보여준다. 그래서 문제는 상류층(1%)이 아니라 중상류층(20%)이라는 것이다. 이철승 교수의 표현대로라면 산업화 세대의 바통을 이어받아 국가를 운영하는 386이 그 대상에 포함된다.

자본이 상속되는 것 이상으로 노동시장에서 인적 자본의 중요성이 높아질수록 상위 20%에 속한 아이들은 어려서부터 의식적 무의식적으로 이 사회가 원하는 인재상으로 성장해 갈 기회를 훨씬 많이 얻게 된다고 설명한다. 부모는 그런 아이를 사립학교에 보내거나, 집값이 비싸서 좋은 공립학교에 보내(미국은 주택세의 1% 정도를 교육 예산으로 돌려쓴다. 집값이 비싼 동네일수록 교육 예산이 늘어나게 되어 있는 구조다) 명문대학 갈 기회를 더 만들어낸다.

미국은 동문 자녀 입학 우대 정책까지 있으니 금상첨화이다. 그렇게 대학교를 졸업하고 나면 인턴으로 일하며 일자리를 구하는데, 여기서 부모의 전화 한 통, 인맥이 가지는 힘이 엄청나다는 것이다. 〈불평등의 세대〉에서 언급한 386의 네트워크가 같은 역할을 수행한다고 볼 수 있겠다.

결국, 두 책은 그러한 네트워크와 유리 바닥이라는 안전판이 신분 세습제 사회를 만들어간다는 점을 지적한다. 상위 20%라는 것에 누군가 들어가려면 누군가는 내려와야 한다. 이 지점에서 리브스 연구원이 지적하듯 모두 "20%에 들어올 가능성은 열려있어!"라고 말은 하지만 자기 자식이 20%에서 나가는 것은 원치 않는다는 것이 엄연한 현실이라는 것이다.

조국 후보의 청문회 논란도 그런 세대 간, 계층 간 갈등이 첨예하게 드러난 지점이다. 조국 후보자 하나를 욕한다고 문제가 해결될 것은 더더욱 아니다. 왜 2030이 분노하는지 이유를 알지 못하고는 이 문제의 해결점으로는 한 발도 더 나갈 수 없다. 문제의 해결을 위해선 언론, 정치인, 학계, 전문직 소위 이 나라의 오피니언 리더들이 이 사회 계급 고착화의 문제가 상위 1%에서만 일어나는 것이 아니라 20% 안에서 일어나고 있다는 사실을 받아들여야 한다는 데 있다.

"다수 대중이 분투하는 동안 중상류층은 번영했다. 이 사실을 인식하는 것은 진정한 변화를 가능케 할 정치환경을 만드는 데 꼭 필요한 단계다" 영국인 출신이었던 리브스는 영국 계급제 사회가 싫어 미국인으로 귀화했다. 그는 "미국이 내게 언제나 매력적이었던 이유는 개방성과 평등에 대한 약속이었다"라고 말하지만, 미국의 계급제는 고착화해 있고, 미국인들이 이를 인정하지 않으려 한다고 지적한다.

87년부터 줄기차게 이어져 온 민주화 운동 역시 평등의 가치를 강조하며 결국 집권에 이르렀다. 그동안 이 사회를 바닥에서 움직여온 80%에게 "이제 평등한 사회가 됐습니다"라고 선언할 수 있을까? 지금 (나를 포함한) 우리는 무엇을 성찰하고 무엇을 포기해야 할까. 20%에 대해 이제 우리 사회는 어떤 책임을 지울 것인가? 대의민주주의에선 시민의 의견을 대의하는 자들(예를 들어 정치인, 법관, 행정부 공무원, 언론, 교수, 언론인 등)이 어쩔 수 없이 그 20% 자체라는 이 모순 속에서 우린 그

20%의 유리 바닥을 깨는 곡괭이를 들 수 있을 것인가?

잘 모르겠다. 손에 들고 있는 이것들을, 손에 쥐고 있는 내 아이들의 안전판을 제거할 용기가 나에게 있을지. 20%가 세습되는 사회만은 안 된다고 20%의 사람들에게 주장할 수 있을지. 80%의 사람들에게 그 목소리가 닿게 하고 그들과 소통할 수 있을지. 머릿속이 복잡하다.

〈불평등의 세대〉와 〈20 vs 80의 사회〉는 학자가 쓴 책이다. 문제 제기는 예리했고 모든 것은 데이터로 입증됐다. 하지만 해결책만큼은 아직 미완성으로 보인다. 그런 것을 조율하고 대안을 내라고 정치가 존재한다. 20% 안에 갇힌 정치가 어떻게 80%와 연대해 이 문제를 풀어가야 할지가 남겨진 숙제이다. 풀기 어렵지만, 이번 대선 과정에서 반드시 손대야 하는 문제다.

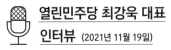

열린민주당 최강욱 대표

열린민주당 최강욱 대표 인터뷰 (2021년 11월 19일)

다음 정부의 검찰개혁 과제

김성회 열린민주당 최강욱 대표님 모시고, 검찰개혁의 과거, 현재, 미래에 대한 이야기를 들어보는 시간을 가지려고 합니다. 검찰개혁이 왜 필요한지부터 말씀해주시죠.

최강욱 국민이 검찰의 실체를 다 목격했습니다. 검찰에서 배출한 사람이 권력을 지향해서 움직일 때, 얼마만큼 천박하고 이상한 품성을 지녔는지를요. 또 기묘한 행동을 하는데 한 점의 부끄러움도 없습니다. 진실 앞에 전혀 겸허하지 않고, 항상 진실을 외면하며, 뻔뻔한 거짓말로 일관한다는 점을 최근 검사들의 저항에서 다 보셨습니다. 지난 몇 년을 돌아보시면 김웅, 손준성, 윤석열, 한동훈, 권순정 같은 검사들이 온몸으로 민낯을 보여주고 있어서 이제는 굳이 설명해 드리지 않아도 될 것 같습니다.

김성회 전관 검사들도 많이 떠오릅니다.

최강욱 화천대유에 고문이니 뭐니 해가면서 이름을 올린 여러 검사가 있습니다. 이 사람들은 검사를 그만둔 뒤에도 줄줄이 이름이 불려 나오고 있죠. 이들이 어떻게 자기들 먹잇감을 찾아내 살아가고 그 탐욕의 크기가 어느 정도인지를 목전에서 지켜봤습니다. 이제 선진 대한민국에서 이런 구태를 절대로 방치할 수 없다는 점은 굳이 설명하지 않아도 될 것 같습니다.

김성회 보통 이런 정도의 부적격자들은 다른 조직이나 회사에서는 다 걸러지는데, 어떻게 다 승진하고 좋은 자리에 올라가 있는 거죠?

최강욱 제가 청와대에서 인사 검증 담당 비서관이었습니다. 인사 기준에 미치지 못하는 사람은 승진에서 탈락하는데 놀랍게도 검사들 통과 비율이 다른 부처와 비교해서 굉장히 낮았습니다. 우리 인사 검증팀의 행정관들이 깜짝 놀랄 정도였어요. 이 사람들은 같은 공직에 있지만, 별도의 영역에서 사는 줄 알았다는 말이 나왔습니다.

김성회 항상 특권층으로 살아온 검사들의 생활 태도 때문이었을까요?

최강욱 국감부터 계속 지적하고 있습니다만, 검사들이 누리는 일종의 특권이 많죠. 예를 들어 검찰총장 직급 보조비가 법무부 장관보다 많아요. 황희석 최고위원께서 법무부 인권국장 시절 경험하신 건데, 보통 부장검사인 과장들이 출장을 가면 이들 출장비가 국장 출장비보다 훨씬 많습니다. 9호봉 이상이 되면 차관하고 똑같은 여비를 받는 규정을 자기들끼리 만들었어요. 검찰총장은 대법관과 맞추고 부장

검사는 부장판사하고 같아야 한다는 행정부 공무원인데 자기들끼리만 별도의 특권을 만들었죠.

김성회   문재인 정부에서 상당 부분 조정했죠?

최강욱   문재인 정부가 조정해서 원칙상 시행하고 있는 직급은 검사 5급, 부부장 4급, 부장 3급, 차장 2급, 그다음에 대검 검사급이라고 표현되는 검사장, 각급 지검의 장들 검사장 1급, 고검장 차관급, 검찰총장 차관급 이상. 이렇게 완전히 바꿨습니다.

김성회   문재인 정부의 검찰개혁은 일부 진전이 있었고 일부는 부족했는데 어떻게 평가하시겠습니까?

최강욱   앞에 싸둔 똥 덩어리가 너무 크다 보니 일단 똥 치우는 일을 하던 사람들을 동원해서 그걸 치울 수밖에 없었어요. 그다음에 똥 치우는 데 필요한 장비들을 가장 많이 갖춘 기관을 선택해서 그 일을 시킬 수밖에 없었고요.

이때 검찰이 초반부터 일정 부분 역할을 맡게 되고, 중앙지검장 윤석열 씨가 그런 공간들을 최대한 활용할 기회가 생긴 거죠. 다시 말하면 특정한 업무에 특화된 인부로서 윤석열이 채택됐다가 그런 일을 계속 잘할 수 있는 인부로서 자리매김한 뒤 이 사람이 '나는 단순한 인부가 아니라 이제 쩐주 내지는 공사업자 위탁자의 지위에서겠다'라며 지금 상황이 온 겁니다.

김성희 윤석열 씨의 후보 선정을 검사들이 아주 좋아하겠네요?

최강욱 검찰 내부에서 '이번에 윤석열 씨가 대통령이 되면 다 좋아할 것이다'라고 많이들 생각하시잖아요. 그런데 놀라운 점은 현실은 아니라는 겁니다. 실제로 검찰 내부에서 지금 검찰 조직의 마지막 종이 울리는 건 아닌지 불안해하는 사람들이 훨씬 많습니다.

윤석열이라는 사람이 가진 품성이나 자질을 검찰 구성원들이 제일 잘 알죠. 당사자들은 과연 이 사람이 나라의 지도자로서 적합한지 가장 많은 의심을 품는 집단일 수밖에 없어요.

김성희 현안 이야기로 넘어가 보죠. 현재 국회의 상황이나 검찰개혁의 현재는 어떻습니까?

최강욱 법무부의 탈검찰화가 상당 부분 진행됐습니다. 수사권 조정 과정을 통해서 검찰이 직접 수사할 수 있는 범위가 어쨌든 형식적으로 축소되고, 직접 수사 부서라는 것도 줄어들었죠. 인원은 당장 줄이지 않고, 다른 각종 명목으로 붙여놨습니다. 예산도 마찬가지고요. 그렇다고 한 번에 이 사람들을 다 실업자로 만들 수는 없는 노릇입니다.

김성희 수사관도 많이 놀고 있을 것 같습니다. 중앙수사청이 만들어지면 이

직할 수 있을까요?

최강욱 수사관들이 6천 명인데, 그 신분을 박탈할 수는 없으니까, 뭔가 자리가 있어야 하지 않겠어요? 그래서 중앙수사청 법안이 제출된 겁니다. 수사하고 싶은 사람은 수사하는 조직으로 모이라는 게 중앙수사청 법안의 기본적인 의미입니다.

김성회 문재인 정부의 검찰개혁 가운데 우리가 잘 모르는 게 있다면 소개해주시지요.

최강욱 문재인 정부의 검찰개혁 내용 중에 알고 보면 가장 획기적인데 간과하기 쉬운 것이 '형사소송법 312조'입니다. 검사가 작성한 피의자 신문 조서는 내용을 부인하더라도 증거로 인정됐고, 경찰이 작성한 조서는 증거로 인정받지 못했어요. 내년부터는 내용을 부인하면 증거로 인정할 수 없고, 법정에서 한 발언이 중심에 서게 됩니다. 이건 굉장히 큰 변화이고 어찌 보면 검사들이 그간 휘두르던 막강한 권한이 줄어드는 징표라고 할 수 있겠습니다.

김성회 우리나라에서는 검찰에서 진술하면, 본인이 법정에 가서 부인하더라도 증거로 인정되잖아요. 그럼 앞으로 판사가 검찰 진술과 법원 진술 중 하나를 고르지 못하게 된다는 거죠? 한명숙 총리 사건 때처럼 한만호 씨가 법정에서 진술을 뒤집어도 인정받지 못하는 일은 없겠네요.

최강욱 맞습니다. 극명한 예가 한명숙 총리 사건이었죠. 바뀐 법에 따르면 당연히 그 증언이 우선해야 합니다. 증언을 완벽하게 무너뜨릴 증거가 제시되지 않는 한 증언은 유효해집니다.

김성회 피의자의 법정 진술이 중요해지는 거고요.

최강욱 그렇죠. 애초부터 그렇게 재판했어야 했습니다. 법조 카르텔이라는 것이 그간 사법연수원을 중심으로 동기, 동업자 같은 정신들이 있었단 겁니다. 그래서 조서 재판이라는 말들을 썼었잖습니까. 그게 불가능해집니다.

김성회 민주당이 검찰개혁 하겠다고 거세게 추진하다가, 중간에 한 번 크게 풀이 꺾였어요. 선거 국면이지만 꾸준히 검찰개혁 과제는 시도하고 있지 않습니까?

최강욱 지금 다 제출돼 있죠.

김성회 제출된 대표적인 내용을 설명해주실 수 있을까요?

최강욱 아까 말씀드린 것처럼 '중수청 법안'이 대표적입니다. 중앙수사청을 만들어서 현재 검사한테 남아 있는 6대 범죄라고 하는 것을 중앙수사청에서 수사하게 하고, 그다음에 검찰은 완전한 공소 기관으로서만 남아야 한다는 것이 이 법안의 핵심입니다. 그러면 수사가 효율적으로 이루어질 수 있게 됩니다. 소위 한국형 FBI를 만들게 되는 셈이죠.

김성회 중도층이 외면할 거라 개혁 법안 추진을 미뤄야 한다는 이야기가 꾸준히 나오고 있습니다.

최강욱 중도층이 제대로 모르기 때문에 외면할 수밖에 없지 않았을까요? 먼저 중도층을 설득하려고 얼마나 노력했는지부터 말해야 한다고 봅니다.

김성회 현재 여러 조건상 민주당이 검찰개혁 법안을 전면으로 들고나와서 국회에서 싸울 것 같지는 않고, 모든 이슈가 대선으로 빨려 들어가고 있지 않습니까? 결국은 차기 정부 과제로 넘어갈 것이라는 전망이 우세합니다.

최강욱 맞지 않습니다. 현재까지는 '대선의 성패를 떠나서 대선 이후 다음 정부 출범 전까지 다 처리하자'라며 여러 근거를 대요. '그때 이후가 되면 법사위를 넘겨줘야 하니까 그 전에 해야 한다' '선거에 영향을 미치지 않고 개혁 법안을 통과시킬 수 있는 골든타임은 그때다'라며 미루는 겁니다.

김성회　내년 3월 중순부터 5월 말까지 하겠다는 건가요?

최강욱　네. 그런데 그때가 되면 이분들이 여태까지 해오던 방식으로 봤을 때 "또 지방선거가 임박해 있으니까"라며 미루겠죠. 관심들을 놓지 말아야 합니다. 우리가 검찰개혁 논의를 계속해야 하는 이유입니다.

김성회　차기 정부가 어떤 과제들을 우선 실천해야 할지 조언해주신다면요?

최강욱　처음부터 끝까지 일관된 문맥이 있습니다. 검찰이 수사하고 있다는 데서 문제가 발생한다는 점입니다. 수사기관 외에 공소 기관을 따로 만들었던 역사적 배경이 있잖습니까. 공소 기관으로서 검사는 '한 사람이 권한을 너무 많이 갖고 있으면 문제가 일어난다'라는 이유로 탄생했습니다. 판사도 마찬가지죠. '원님 재판'이라는 옛날 표현도 있듯이 왕 또는 권력자가 한 손에 전 심판권을 쥐고 흔들었잖아요. 왕이 '니 죄를 니가 알렸다'라며 자기 마음에 안 드는 사람은 목을 날린 게 아니겠습니까. 결국, 이런 상황에서 왕이 국민의 심판 대상이 됐고, 혁명 때 단두대에서 목이 잘렸죠.

김성회　권력을 분점하는 게 사는 길이었겠군요.

최강욱　네. 자기 보신을 위해서라도 외양을 만들 필요성을 느껴 '중립적으로 판단하는 사람을 두겠다'라며 만든 제도가 판사입니다. 그런데 판사한테 오기 전에 수사기관 마음대로 사건 모양을 만들어 보내면 판사가 어떻게 못 한다는 걸 알았죠. 수사기관이 일방적으로 모양을 만들지 못하게 하고 인권 측면에서 법의 잣대로 감시하는 조직을 두겠다고 한 게 검사였습니다.

김성회 우리나라는 도입 초기부터 수사권이 있지 않았습니까?

최강욱 우리나라는 제헌의회에서 법을 처음 만드는 과정에 일제 경찰의 패악질이 너무 크고 위상이 막강했던 배경이 있습니다. '경찰을 믿을 수 없으니 일단 당분간 검찰에 권한을 좀 집중시켜주자'라며 시작됐던 겁니다.

김성회 그 뒤에 고칠 기회가 많지 않았나요?

최강욱 역사적으로 보면 4·19로 2공화국이 들어서고 검찰 권한을 조정해야 한다고 논의됐다가 5·16쿠데타가 일어났습니다. 독재자로선 독재 정부를 유지하는 데 물리적인 강압으로서 군사력, 합법적인 폭력으로서의 검찰권이 얼마나 효율적인가를 뼈저리게 느꼈고 검찰 권력을 그대로 놓아둔 것이죠.

김성회 그래서 지금까지 검찰과 군이 가장 특권층으로 군림해온 것이군요.

최강욱 가장 희한하게 운영되는 게 국방부하고 법무부였습니다. 당연히 국방부 장관은 군인이 해야 하고, 법무부 장관은 검사가 해야 한다는 잘못된 인식이 뿌리 깊게 자리 잡힌 계기였습니다.

김성회 군은 많이 바뀌었는데, 검찰도 바로잡아야겠군요.

최강욱 애초 검사의 지위와 모습으로 돌려놓는 겁니다. '검사는 공소기간으로 남고, 수사하면 안 된다'라는 기본으로 돌아가자는 게 요점입니다.

김성회 결국 중앙수사청을 만들고 수사권을 분리해 원래의 모습으로 돌아가야겠군요. 검사들 저항이 앞으로도 만만치 않겠죠?

최강욱 수사권이 분리되면 모든 게 부수적으로 따라갈 겁니다. 여태까지 말씀드린 문제를 돌아보며 물어야 합니다. 왜 부패 카르텔 속에서 검사들이 그렇게 살아가는지, 이 사람들이 왜 반성하지 않고 뻔뻔하게 거짓말을 하는지를 말입니다. 수사 시작부터 마지막까지 검사들이 특히 형 집행까지도 한 손에 쥐고 있었기 때문입니다. 검사로선 '내가 아무리 뻔뻔하게 거짓말하고 부인하더라도 우리 식구들만 눈 감으면 나를 처벌할 사람은 아무도 없어'라고 쉽게 생각한 것이죠.

김성회 검사의 가장 큰 권한은 처벌하지 않을 힘이라는 말이 생각나는군요.

최강욱 그렇습니다. 검사가 재판에 부치는 독점적 권한을 갖고 있으니, 검사들은 '우리가 보내지 않으면 판사는 할 수 있는 게 아무것도 없어'라고 자신한 거죠. 그러니까 별도의 기소 기관인 공수처가 필요했던 거 아닙니까? 이런 제도들이 정착돼 돌아가고, 제대로 작동하기 시작하면 권한들이 확실하게 구분될 겁니다. 인력 조정이나 예산 조정이 당연히 따라가야 할 테고요. 모두 법률로 해야 하는 일입니다.

김성회 결국 다시 국회로 공이 돌아오는군요.

최강욱 앞서 말씀드린 제도들이 법으로 만들어지면 만천하에 드러난 검찰 모습은 많이 달라질 수밖에 없습니다.

김성회 다른 권력기관, 수사기관도 정리가 필수겠군요.

최강욱 경찰이 얼마만큼 할 수 있냐를 정해야 합니다. 자치 경찰과 분리하는 과정에서 중앙수사청이 해야 할 일, 경찰이 본래 치안 업무를 제대로 해내도록 권한 정리를 해줘야 합니다, 다른 축으론 '특별사법경찰 관리' 제도가 있어요. 세관원, 산불감시원, 교도소장, 근로감독관, 금융감독원 직원 등이 예입니다. 이들은 각자 영역에서 각자에게 맡겨진 단속 업무를 하고 있었어요. 이 업무들이 제대로 자리잡아서 자기 전문 분야별로 일을 나눠서 하면 지금의 괴물 검찰은 사라질 겁니다.

김성회　검찰 내 문제들이 자연스럽게 해소되는 그림이네요. 이상한 사람들이 승진하는 구조도 사라질 것이고, 전관예우 시장도 함께 사라지고 검찰 내에서 승진한 후 퇴직해서 돈 많이 벌려고 생각했던 사람들도 승진을 포기하고 딴 일을 찾아가게 되겠네요.

최강욱　확실한 사회 증표로 검사 사위를 원치 않는 재벌가를 상상해보면 압니다. 돈 많고 권력 있는 사람이라면 검사 사위를 얻고 싶어 했습니다. 우습게도 판사도 아니었죠. 경험해보니 판사는 별 쓸모가 없다고 여긴 거예요. '애초에 사건을 없애는 게 중요하지. 사건이 생긴 다음에 정리하는 건 한계가 있더라'라는 걸 체감한 겁니다. 검찰개혁이 이루어지면 '검사 사위가 더는 필요 없다'라고 생각할 겁니다.

김성회　차기 정부의 주요한 과제는 중앙수사청을 만들고, 현재 검찰 수사권을 옮기는 것이겠네요. 초반에 이게 이루어지면 그 외에 부수적인 과제들은 차례대로 정리해 갈 수 있는 상황이 된다고 보시는 거죠?

최강욱　그렇죠. 지금 관련된 법안들이 대부분 다 제출돼 있으니 통과만 시키면 됩니다.

김성회　통과만 시키면 된다. 그럼 결국 민주당이 마음만 먹으면 되는 거네요.

최강욱   그렇죠. 따로 공약하고 할 것도 없어요. 줄곧 해왔으니까 "그냥 개혁 법안을 통과시키겠습니다"라고만 하면 검찰개혁의 한 단락이 마무리되는 겁니다.

김성회   지금까지 좋은 말씀 감사합니다.

3부.

박진영

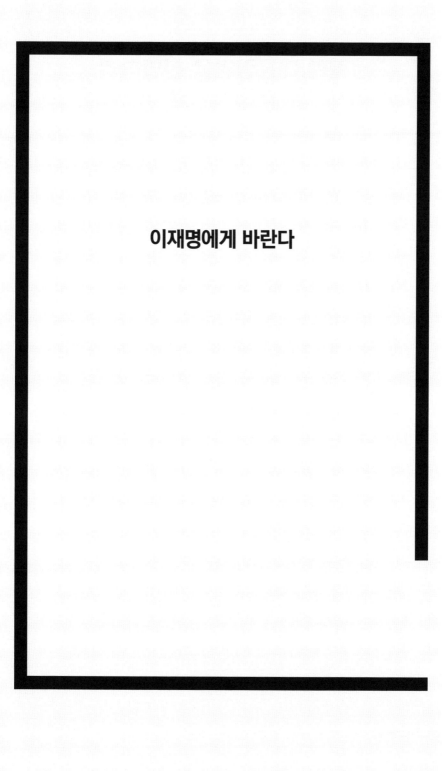

이재명에게 바란다

개혁 대통령임을 천명하라

조선 후기 개혁의 상징인 정조대왕은 즉위하는 첫날(1776년)에 "나는 사도세자의 아들이다."라고 천명했다. 사도세자가 죽었을 때, 정조는 먼저 요절한 큰아버지인 효장세자의 아들로 입적돼 정통성을 유지할 수 있었다. 세손인 정조를 지키고자 하는 영조의 배려였으며, 한편으로는 친아버지인 사도세자를 부정하라는 의미이기도 했다. 그런데 정조는 아버지 사도세자를 죽음으로 내몬 노론(老論) 대신들 앞에서 대놓고 사도세자의 정통성을 주장한 것이다. 영조와 노론 대신들이 만들었던 기득권의 시대에 정면으로 싸움을 건 셈이다.

개혁은 이런 것이다. 기득권 세력의 오금이 저릴 정도의 강력한 의지가 필수적이다. 역으로 개혁의 실패는 죽음처럼 어두운 역사로 이어진다. 정조의 죽음 이후로 조선이 흘러간 쇠락의 역사는 말할 것도 없고, 거슬러 올라가면 최치원의 시무 10조를 수용하지 않은 신라도 망해갔다. 현대사에서도 정권 초기에 제대로 된 개혁을 하지 못하면 정권의 재창출이나 역사의 진보는 요원해졌다.

정치권에서 개혁, 혁신, 또는 쇄신은 자주 쓰는 단어이지만, 말처럼 쉬운 일은 절대 아니다. 최근에는 아예 정치권에서 개혁파니 혁신파니 하는 말을 들어본 적이 없다. 2000년대 초반 민주당 계열의 천신정(천정배, 신기남, 정동영이 주축이 되어 민주당의 동교동계와 투쟁하고 열린우리당을 창당하는 과정에서 붙여진 명칭)과 국민의힘 계열의 소장파(남경필, 원희룡, 정병국)가 아직도 기억에 남을 뿐이다. 물론 현재 한국의 정당정치의 수준을 볼 때 이들의 투쟁은 성공하지는 못했다고 본다. 이후로 때로는 쇄신의 대상이 스스로 쇄신파라고 하는 웃지 못할 상황도 있었다. 진짜 개혁이나 혁신은 수십 년, 또는 수백 년에 한두 번 성공할 정도로 어려운 것이다.

개혁과 혁신에 들어가는 '혁(革)'이라는 한자어의 어원은 '가죽'이다. 유추하면 개혁이나 혁신은 '가죽을 벗겨낸다'라는 강렬한 의미를 내포하고 있다. 그만큼 어렵다는 뜻이다. 사실 기득권의 저항은 가죽보다도 더 두껍다.

개혁 군주 정조는 즉위하자마자 암살 미수 사건을 겪기도 했다. 조선 역사상 정통성이 있는 현직 왕에 대한 유일한 암살 기도였다. 주범은 전직 왕인 영조가 만든 노론 벽파 기득권들이었다. 배후에는 정조의 외갓집도 관련되어 있었다. 기득권은 혁신 군주의 가족이나 최측근 중에도 있을 수 있으며, 이런 경우 혁신은 더욱 어려워진다. 문재인 정부의 부동산 정책 실패의 원인이 청와대 비서실이었던 것을 보면 상상이 된다. 문재인 정부의 윤석열 검찰총장과 최재형 감사원장은 개혁에 대한 저항을 넘어서 적진으로 투항해버리기까지 하였다.

흔히 개혁이 성공하기 위한 첫 번째 조건을 냉혹함이라고 하는데, 문재인 정부는 다소 유(柔)한 측면이 있었다. 윤석열 총장이 조국 장관 후보자에 대해서 불만을 털어놓고 수사하겠다고 했을 때, 초기에 잘랐어야 했다. 대통령의 인사권에 대한 정면 도전이었다.

'문재인 정부의 검찰총장'이라는 믿음으로 윤석열에 대한 신뢰를 최소한이라도 남겨 두었던 것이 배신과 그로 인한 정권의 위기를 만들었다. 배신의 싹은 자라기도 전에 잘라내야 한다. 그러기 위해서 지도자는 결단의 순간에 냉혹해야 한다. 소설가 시오노 나나미가 마키아벨리의 군주론의 모델이었던 체자레 보르지아를 보고 '우아한 냉혹'이라고 칭송했던 것은 국가의 중대사 앞에서는 결코 작은 온정이라도 두어서는 안 된다는 의미였다. 개혁은 완전히 썩은 부위를 잘라내는 것이 아니다. 완전히 썩었다면 자연적으로 떨어져 나가고 피조차도 나지 않는다. 아직도 쓸만한 살이 붙어있고 아까운 면이 있음에도 과감하게 잘라내야 미세하게 오염된 세포까지도 없애는 근본적 수술이 된다. 생살도 일부 잘려 나가기에 그래서 피가 철철 흐르는 게 개혁이라고 한다. 돌이켜보면 아쉬운 순간이었다.

또한, 개혁은 타이밍이 절대적이다. 전광석화(電光石火)! 아침에 일어나니 하룻밤 사이에 세상이 바뀌었다고 느낄 만큼 속도감이 중요하다. 역대 대통령 중에서 최고의 지지율을 기록했던 김영삼 대통령의 초기 개혁을 보면 절묘한 타이밍에 전율이 느껴진다.

문재인 정부의 검찰개혁이 윤석열 일당과 국민의힘의 저항을 초래하고 결국, 반쪽 개혁으로 마무리된 것은 타이밍을 놓쳤기 때문이다. 2019년 겨울 서초동을 달구었던 검찰개혁의 열기가 최고조에 다다랐을 때 밀어붙였어야 했다. 최초 공수처법이 제안되었을 때, 70%에 육박하던 찬성률은 1년 후 법의 통과되는 시점에는 40%대로 주저앉아 있었다. 1년 동안 총선을 치르면서 압도적 1당이 되었는데도 공수처법의 지지율이 떨어진 이유는 무엇일까? 피로감이다. 여야의 지루한 정쟁으로 인식되면서 최초 입법 취지보다는 지지하는 정당에 따라서 찬반이 갈려버린 것이다. 민주당의 지지율만큼의 찬성률이 나왔다. 만약 4월 총선에서 1당이 되자마자 밀어붙였다면 그보다는 높았을 것이라고 본다.

마지막으로 국민과 공감해야 한다. 예를 들면 모든 국민이 공수처법의 내용을 세세하게 알 수는 없다. 국민 다수에게 노무현 대통령의 서거 과정에서 보여준 일부 검찰의 악마적 본성을 반드시 응징해야 한다는 공감대가 있었을 뿐이다. 〈더킹〉이나 〈내부자들〉 같은 영화에서 검찰과 고위층들의 악행과 비리를 보고 공수처처럼 그들을 단죄할 기구가 필요하다고 생각했을 수 있다.

회고이지만, 공수처법의 구체적 내용보다는 국민의 감정과 속도를 중요하게 여겼어야 했다. 때로는 개혁을 위해서 이해와 설득보다는 홍보와 선동까지 동원하는 속도전을 전개해야 한다. 잠시만 늦춰지면, 갈등을 줄이고 통합의 정치를 하라는 식으로 숨겨진 기득권의 저항이 몰아친다. 인간은 새드·마조히스트적인 복합형이다. 대중 심리는 개혁과 안정 사이에서 늘 동요한다. 대중은 때로는 비이성적이고 나약한 인간들의 집합체일 뿐이다. 흔들리는 갈대는 결과에 대한 확신과 감성적 동질감이 있어야 꾸준히 따라서 움직여 준다. 그래서 정치전략에서 홍보보다는 선동이 잘 먹히는 것이다. 당연히 국민정서법에 늘 민감해야 한다.

개혁은 민주당 정부의 본질이다. 김대중 대통령은 당선 자체가 정치개혁이었다. 민주주의와 남북관계의 획기적인 전환을 이루었다. 노무현 대통령은 권위주의 시대의 막을 내렸고, 문재인 대통령은 권력기관 개혁의 기초를 닦았다.

그러나 돌이켜보면 늘 아쉽다. '근본적으로 세상이 바뀌었는가?' 라는 질문에 시원하게 답할 자신이 없기 때문이다. 물론 앞에서도 말한 것처럼 개혁은 지난한 세월이 걸리는 역사적 과정이다. 그렇지만 단임제 대통령제라는 현실적 제약이 존재하기에 한 정권 내에서 급진적인 단절이나 도약이 있었으면 하는 바람이 존재한다. 동학 개미들에 의해서 대기업의 경영권이 바뀌는 상상도 해보고, 지대개혁으로 투기꾼들이 폭망하는 그림도 그려본다. 고위공직자 중심의 중앙집권적 국가가 완전히 분권화되는 국가체제의 급진적 변화를 꿈꾸기도 한다. 김영삼 정부 초기에 국민이 느꼈던 시원함을 한 번 더 보고 싶은 것이다.

개혁 군주 정조가 사도세자의 아들이라는 정체성을 대놓고 밝혔듯이, 개혁 대통령으로서 국정 방향을 분명히 밝히는 것이 필요하다. 그러면 국민과의 기대게임에서 편해진다. 흔히 말하는 예측 가능한 국정운영이다. 그래서 정권 초기 청사진을 선명하게 밝히는 것이 중요하다.

정권 초기에 빠지기 쉬운 오류 중의 하나가 나를 찍지 않은 사람의 의견도 반영되어야 한다는 중도 절충적 사고이다. 그러나 나를 찍지 않은 보수적인 국민도 당선자가 제시한 개혁적 공약이 실현될 것이라고 기대한다. 김영삼 정권 초기 있었던 군부 개혁에 대한 열광이 그러하고, 김대중 정권 초기 대북정책의 전환이 그러하다. 반대자를 포용하는 것이 아닌, 자기 것을 시원하게 했을 때 지지율은 최고치를 찍었다. "합니다! 이깁니다! 됩니다!"라는 자신감을 가지고 속 시원한 개혁을 보여줬으면 한다. 진짜 사이다 대통령을 보고 싶다.

때로는 미테랑*처럼,
때로는 드골**처럼

프랑스는 유럽에서 색깔이 분명한 진보정당이 집권한 경험이 있는 국가이다. 대표적으로 사회당 소속으로 14년간이나 집권한 미테랑 대통령이 있다. 정치를 잘 모르는 사람들도 미테랑 대통령이 병인양요 때 강화도에서 약탈해 간 외규장각 의궤를 들고 한국에 와서는 고속철을 따내 갔던 기억 정도는 가지고 있다.

　미테랑은 취임하자마자 민간 은행 36곳을 국유화하고 주요 산업 시설까지도 정부 소유로 만들어버렸다. 노동자의 경영 참여를 제도화

＊　François Maurice Adrien Marie Mitterrand(1916~1996), 2차 대전 당시 레지스탕스로 활약했던 사회당 소속의 프랑스 대통령. 재임 기간 중 한국을 방문한 최초의 프랑스 대통령이다.

＊＊　Charles De Gaulle(1890~1970), 2차 대전 당시 영국으로 망명하여 프랑스 임시정부를 이끈 전쟁영웅으로 2회에 걸쳐서 프랑스의 대통령이 됨. 국민연합(RDF)이라는 우파 정당을 창립했으며, 독자적 핵 개발 등으로 미국 영향력에서 자립적인 유럽을 지향함.

했으며, 복지 예산을 2배로 늘렸다. 기존에 유럽에서 수많은 사회주의 이론가와 학자들의 탁상 위에만 존재했던 정책을 국가에서 직접 실천한 것이다.

전 유럽이 놀랐다. 결과에 대한 평가도 엇갈린다. 그의 재임 기간 (1980~1994)은 레이건 대통령과 대처 총리가 주도하는 영미식 신자유주의가 맹위를 떨치기 시작하는 시기였다. 글로벌 자본주의 체제에서 일국 차원의 사회주의적 실험은 성공하기 어려울 수밖에 없다. 프랑스에서 제대로 된 사회정책과 진보적 문화가 뿌리내리게 했다는 긍정적 평가가 있지만, 더불어 국유화로 산업경쟁력을 상실케 했다는 부정적 평가도 많다. 결국, 미테랑 정부 후반기에 가면 좌우동거정부*를 구성했던 우파 총리 시라크에 의해서 다시 민영화되는 역변화가 일어난다. 미테랑 또한, 반대하지 않는다. 경제정책의 실패를 조금은 인정한 셈이다.

그러나 미테랑의 역사적 성과는 눈부시다. 소련 멸망과 독일통일이라는 격변기 속에서 유럽의 중심을 잡아 주었다. 지금 우리가 목도하고 있는 EU라는 국가연합의 기초는 프랑스와 독일의 합작품이다.

미테랑과 통일 당시 독일 총리였던 헬무트 콜이 없었다면 유럽 통합은 더 많은 시간이 필요했을 것이다. 수백 년 동안 유럽대륙에서 가

---

* 프랑스어로 코아비타시옹(Cohabitation)이다. 대통령과 의회 다수파에서 임명하는 총리가 정당이 다를 경우 발생한다. 흔히 한국에서는 이원집정부제로 해석하기도 하며 대통령제와 내각제의 혼합형 정체라고 보면 된다. 프랑스에서는 1986년 우파 정당인 국민연합의 시라크가 총리가 되어 최초로 동거정부가 탄생하였고, 1997년에는 우파인 시라크 대통령하에서, 사회당의 조스팽이 총리가 되어 역으로 동거정부가 탄생하기도 하였다.

장 처절하게 싸웠던 프랑스와 독일이 한배를 탄 것이다. 만약 미테랑이 진보적 평화주의자가 아니고, 기존의 일국 중심의 현실주의적 국제질서에 순응하는 지도자였다면 적극적으로 나서지 않았을 수도 있다.

국제정치의 성과와 더불어 미테랑은 프랑스를 자유롭고 창조적인 현대문화가 넘쳐나는 나라로 만들었다. 세계인들이 프랑스를 떠올리면 문화강국이라는 이미지가 그려지는 현상을 완성한 시기가 미테랑 집권기였다. 결론적으로 미테랑의 과감한 진보적 정책이 경제 분야에서는 혼란을 일으킨 점이 있지만, 국제정치와 문화적 측면에서는 분명한 성과를 남겼다. 약간의 혼란이 있더라도 과감하게 시도하고 도전해야 역사는 진보한다.

미테랑 대통령과 비슷한 지도자가 한국에도 있었다. 김대중 대통령이다. DJP연합이라는 형태로 보수파와 공동정권을 운영했지만, 진보적인 정책을 과감히 실행한 분이다. 남북평화정책과 모험적인 신성장 산업의 육성, 영화나 음악에서의 한류의 기초를 당시에 닦았다고 해도 과언이 아니다. 평화 대통령이면서 문화 대통령이었다.

정치 분야에서는 소수파의 한계로 인해서 타협적이고 절충적이었지만, 정책 색깔만은 분명한 진보였다. 특히, 대북정책에서 퍼주기라는 악성 비난에도 개성공단과 금강산 관광을 실제로 구현한 것은 대단한 추진력이다. 지금 생각해도 '어떻게 저토록 진보적이고 이상적인 일을 할 수 있었을까?' 하는 탄성이 절로 난다. 만약에 소수파 대통령인 DJ가 대북정책에서도 보수파의 비판을 수용하고 타협했더라면, 역사적 성과를 낼 수 있었을지 자문해본다.

프랑스에는 미테랑을 능가하는 고집쟁이 정치인이 있다. 바로 파리 공항에 붙은 이름인 드골 대통령이다. 한국에서는 2차대전에서 패망한 프랑스를 우격다짐으로 되살린 영웅으로는 잘 알려졌지만, 대통령으로서의 업적은 그렇지 않다.

한국으로 치면 김구 선생이 돌아가시지 않고 대통령이 되어 자주적 민족주의 국가를 이끌었다고 상상하면 된다. 2차 대전이 종결된 후, 드골은 강력한 리더십의 정치체제를 원했지만, 프랑스 국민은 내각제를 선호했고 부득이하게 정치 일선에서 물러나 있었다. 드골의 재등장은 알제리라는 식민지의 독립전쟁을 좌파 정권이 우물쭈물하면서 처리하지 못하는 상황에서 비롯된다.

드골은 우파적인 국익 우선주의자임에도 과감하게 알제리를 독립시켜 준다. 그리고 한때 한국의 독재자들이 영도적 대통령제라고 칭송했던, 강력한 대통령제를 만들어냈다. 드골주의의 핵심은 프랑스의 영광을 재건하겠다는 국익을 앞세운 외교와 행정부가 주도하는 경제부흥 정책이다.

드골은 미국의 반대를 무릅쓰고 독자적인 핵무기를 개발했으며, 결국 나토에서 탈퇴하고 미군을 철수시키기까지 했다. 서방 국가 중 최초로 중국과 국교를 수립했으며, 소련을 방문해 에너지협력을 얻어오기도 했다. 미소 냉전 시기라는 국제정세의 현실을 인정하지 않고, 과감한 독자노선을 취한 것이다. 현재도 프랑스는 미국으로부터 외교적 독자성을 유지하는 유일한 서방 국가이다.

프랑스가 유럽에서 선도국가로서 지위를 누리게 한 지도자가 드골이다. 1969년 국민투표 부결로 퇴임할 당시 오만과 독선의 지도자로 비판받기도 했지만, 역사는 위대한 프랑스를 재건한 인물로 기록하고 있다.

드골은 완고한 민족주의자임에도 역설적으로 유럽평화의 실마리를 제공한 지도자이다. 앞서 미테랑 대통령에서 언급한 독일과의 화해도 드골이 시작했다.

우파 민족주의의 입장에서 침략자 독일과의 화해는 자존심 상하는 일이었으며, 자기 지지층 내에서 엄청난 반대가 있었다. 그러나 드골은 독일을 방문해 게르만 민족주의를 칭찬하는 아부성 발언까지 했다. 종국에는 독일 총리인 아데나워를 자신의 집까지 초청해 프랑스와 독일의 전쟁 원인이었던 철강과 석탄의 공동관리를 만들어냈다. 만약 드골이 일부 우파들의 주장처럼 전승국 자리에서 또다시 독일의 공업지역을 점령했더라면, 지금의 평화로운 EU는 탄생하기 어려웠을 것이다.

결단은 위험을 동반한다. 반대로 타협과 절충은 안전한 현실의 유혹이다. 그러나 결단으로 세상을 바꾸었다는 역사적 평가는 들어봤어도, 타협으로 세상이 진보했다는 평가는 들어본 적이 없다. 지도자는 결단하는 자리이다. 한편으로 결단은 선택을 의미한다. 지도자의 선택에 따라서 국민의 안녕과 행복이 결정된다. 그렇기에 올바른 선택을 할 능력이 없는 사람은 지도자가 되지 말아야 한다.

최근 한국에서 결단하지 않는 정치, 또는 절충과 타협을 '정치적 선(善)'인 양 추켜세우는 분위기가 있다. 이른바 중도에 대한 과잉 찬양이다.

국회에서 사회적 이슈가 되는 입법안이 올라올 때마다 여야의 타협을 강조하는 여론이 조성된다. 정치의 행태분석으로는 갈등과 투쟁이 없으니 보기에는 좋을 수 있다. 하지만 정치가 이익의 대변이고, 정당이 특정 부분*의 이해를 반영해야 한다는 본질적 측면에서 보면 맞지 않는다. 쉽게 말해서, 어중간한 타협은 한쪽 편의 이해조차도 대변하지 못해서 양쪽으로부터 버림받을 수 있다. 중도의 함정이다.

중대재해기업처벌법을 제정키로 한 이유는 사회적 약자인 노동자의 안전을 도모하기 위해서이다. 그런데 이 법을 만들면서 사용자 측의 불만도 반영하다 보니 결국 법은 누더기가 되었다. 노동자도 마음에 들지 않고, 사용자도 불만인 법이 돼 버렸다. 누이도 좋고 매부도 좋은 정책은 이익이 대립하는 계급이나 계층이 존재하는 사회에서는 존재할 수 없다. 짚신 장사와 우산 장사의 이익은 같은 날 공존할수 없다. 억지로 절충하면 아무것도 하지 않은 꼴이 된다.

공화당의 트럼프와 민주당의 사회주의자인 샌더스가 출현한 데 대해 민주, 공화 양당의 오랜 중도화 전략으로 노동자나 자본가, 진보나 보수, 한쪽의 이해도 제대로 대변하지 못하는 여론에 부유하는 정당 정체성을 탓한 분석이 있었다. 선거에서 캐스팅 보트라고 생각하

---

* 정당, Party의 어원이 Part이다.

는 중도층의 표만을 의식하다 보니, 자기 지지층을 외면하는 정치가 자리 잡은 것이다. 덕분에 오른쪽과 왼쪽 끝에 있던 아웃사이더가 정체성이 불분명한 중도주의를 몰아내고 정치의 중앙으로 진출하는 결과를 낳았다.

한국에서는 중도는 좀 유치하게 나타났다. 안철수 대표의 극중주의는 양비론적 입장을 가지고 좌우를 호되게 비판한다. 평론가라면 그럴 수 있지만, 이런 접근은 좌우의 누구도 대변하지 못한다. 결국, 넓은 운동장의 중간에 그은 외줄처럼 고립되어 버린다. 이런 비판은 일찍이 제3의 길과 혁신적 중도를 주장했던 기든스가 영국의 총리로 자신의 철학을 실행에 옮겼던 블레어에게 한 적이 있다.

기든스의 혁신적 중도는 좌우의 폭을 크고 넓게 보면서, 새로운 가치와 정책을 많이 수용해서 결과론적으로 보면 중도 수렴한 것처럼 보일 것이라는 의미였다. 현실에서 절충하고 타협해서 협소화된 외줄의 중도를 가라는 의미가 아니었다. 노무현 대통령은 "반미(反美)면 어때!"라고 하다가, 미국이 주도하는 이라크 파병에 동참하기도 했다. 정책의 좌우 폭이 아주 컸다. 보수와 진보의 입장 사이에서 억지로 절충점을 찾으려고 우물쭈물했더라면 국익은 물 건너갔을 터이다.

타협과 절충보다는 '딜(Deal)'에 주목했으면 한다. 이해가 대립하는 정책 하나를 가지고 억지로 절충하려고 하지 말고, 복수의 정책을 가지고 거래하는 방법을 찾아야 한다. 중대재해기업처벌법을 누더기로 만들 것이 아니라, 원래의 취지대로 노동자의 안전을 최우선으로 하는 법안으로 통과시키고, 중소기업의 안전을 지원하는 법을 따로 만들었다면 어땠을까?

드골은 중도적으로 절충하지 않았다. 차라리 과감하게 주고받는 딜을 했다. 드골이 알제리를 독립시킨 것이나 독일과 화해한 것은 우파 민족주의로서는 상대방에게 내준 것이다. 반대로 미국과 대립하면서 핵무기와 소련이나 중국과 거래한 것은 가져온 것이다. 노무현의 반미와 이라크 파병처럼, 좌우를 크게 쓰면서 국익을 넓힌 것이다.

미테랑은 근본적인 개혁이라는 자신의 소신을 굽히지 않았다. 물론 결과가 완전한 개혁으로 돌아온 것은 아니다. 당연히 반대와 저항이 있었고 현실이 녹녹하지 않았다. 그러나 애초부터 작은 개혁과 절충을 택했더라면 작은 개혁의 성과도 건지지 못했을 것이다. 변증법의 논리처럼 미테랑의 근본적인 진보 개혁(正)이 기득권과 현실의 저항(反)으로 작은 개혁(合)이 되었을 때는 그것도 역사의 발전이다.

정치의 두 가지 기본적인 행위인 개혁과 통합 중에서 우선은 개혁임을 잊지 말아야 한다. 개혁이 앞서가고 통합이 따라와야 한다. 자기 색깔을 분명히 해야 상대방과 다른 점이나 서로 양보하고 통합할 부분도 분명해진다. 미테랑처럼 분명한 색깔을 가지고 시작하고 여의치 않으면 물러설 수도 있다. 통합의 정치와 잡탕의 정치는 분명히 다르다. 상대주의적 관점에서 보면, 정치 세력의 정체성에 해당하는 것은 반드시 처리하는 것이 개혁이고, 상대방에게 밀어줘야 할 것은 제대로 밀어주는 '딜'이야말로 통합이다.

새로운 적을 찾아서

1991년 소련이 멸망했을 때, 냉전적 사고에 사로잡혔던 사람들은 악의 종말을 보았다고 생각했다. 당시 유행한 후쿠야마 교수의 〈역사의 종말〉은 이런 흐름을 담고 있었다. 실존했던 정치경제 체제로서 사회주의의 멸망으로 자본주의와 자유주의가 유일한 정치경제 체제로서의 최종 결정체라는 자신감을 내비친 것이다.

그러나 현실은 달랐다. 소련이 지배권을 상실한 동유럽과 중앙아시아에서는 민족 갈등으로 수백만 명이 죽어가는 상황이 일어났다. 이슬람 극단주의자들은 9·11테러 같은 서구에 대한 테러리즘으로 변모하여 후쿠야마가 칭송한 유일한 정치경제 체제를 위협하고 있다.

가장 발 빠르게 새로운 적을 찾아낸 집단은 할리우드 영화계였다. 소련을 상대했던 007 제임스 본드는 새로운 위협 세력인 테러 집단과 싸우고 있다. 정의롭지 못한 적이 없는 사회에서는 정의가 무엇인지 구별하기 어렵다. 불평등해야 평등이 중요한 목표가 되는 것도 마찬가지이다. 정치는 원래 상대주의적 진리를 가지고 존재한다.

새로운 시대에도 적은 존재해야 한다. 적이라는 표현이 과할 수 있으면 개혁의 대상이라고 불러도 된다. 보수는 현상 유지와 도덕적 공동체를 지향하기에 적이 없는 사회를 지향하지만, 진보는 새로운 사회를 지향하기에 기존의 체제, 가치, 그리고 오래된 현상을 낡은 것으로 규정해야 한다. 진보의 존재 방식이다. 예를 들면 문재인 정부는 구정권의 적폐 세력과 특권화한 권력기관을 가상의 적, 즉 개혁대상으로 가정하고 출범했기에 자리 잡을 수 있었다.

대통령제 국가에서 국회는 구조적으로 개혁대상이다. 때려잡아야 할 대상이라는 의미가 아니라, 경쟁자의 의미로 해석하면 좋겠다. 대통령과 국회는 이중권력이며, 이중의 대의기관이다. 그런데 이중권력의 역할은 완전히 다르다. 한쪽은 집행권을 가지고 한쪽은 견제와 감시의 기능을 가진다. 집행권을 가진 입장에서 보면, 국회는 늘 딴죽을 거는 개혁대상으로 느낄 수 있다. 그런데 한국은 행정부가 절대적으로 우위에 있다. 그것은 근본적으로는 대통령이 가지는 행정부 수반 이상의 위치인 국가 원수의 지위에 기인한 탓이기도 하고, 독재국가의 영향으로 만들어진 제왕적 대통령제를 떠받쳐주는 헌법의 탓이기도 하거니와 한편으로는 국회의 본질이 무엇인지도 모르는 국회의 탓이기도 하다.

우리 국회는 예산편성권을 가지지 못하고, 선출되지 않은 장관들에게 입법권을 나눠 주고 있다. 감사원이 행정부에 자리한 것은 더 가관이다. 집행과 감시가 행정부 내에서 이뤄진다는 것은 삼권분립에도 맞지 않는다. 프랑스대혁명이 과세 때문에 삼부회라는 의회를 소집하면서 발생했고, '대표 없는 곳에 과세 없다'라는 미국독립전쟁의 출발도 대의제와 세금에 관한 권한은 일치해야 한다는 문제의식에서 비롯되었다.

개헌 사항이니 더 깊게 언급하지는 않겠지만, 우리 국회는 헌법과 법률에 따라서 권한은 적고 특권은 많도록 설계되어 있다. 그래서 국회의원들이 국가의 중대사보다 잡스러운 일에 관심이 많은 모양이다.

대통령은 집행자의 위치에 있기에 자신을 감시하는 국회가 불편할 수밖에 없다. 그래서 역대로 대통령들은 국회가 기득권의 상징이나 비효율적인 집단으로 국민에게 인식되도록 하는 전략을 썼다. 개혁의 대상으로 보이도록 했다는 것이다. 2000년 전 로마 집정관이 원로원을 귀족의 기득권 기관으로 매도하면서 독재관(Dictator)이 되고, 황제가 되었던 과정에서도 볼 수 있다. 국회를 무시하고 독재를 하라는 뜻이 아니라, 국회가 국민 전체의 이익을 위해서 대의하도록 자극을 주라는 의미이다. 국회의원은 선출된 지역이 있고, 선출된 정당이 있다. 당연히 전체보다는 자신을 뽑아준 부분에 봉사하려는 경향이 생길 수밖에 없다. 이기주의자들의 연합체가 국회이다.

국회를 첫 번째 개혁대상으로 삼아야 한다. 문재인 정부 시절 국회에서는 여야를 통틀어 정치개혁 의제를 들어보지 못했다. 21대 국회는 등장하자마자 여·야 정쟁의 최전선에서 싸웠을 뿐 최소한의 자기 혁신 프로그램도 제시하지 못했다. 지난 20년 동안 이렇게 출발한 국회는 이명박 정권 시절인 18대 정도밖에 기억나지 않는다. 출발은 역대 가장 최악의 국회 중 하나로 기록될 것이다. 자체 개혁 프로그램이 없다는 것은 스스로 성찰할 기회조차도 없다는 의미이다. 이런 국회는 철저하게 정부에 대한 강한 찬성과 반대의 두 가지 입장만을 취할 뿐이다. 21대 국회가 증거이다.

선출해 준 지역과 정당에 대한 이기적 충성심을 되돌아보면서 성찰하는 시간의 주어져야 정부가 추진하는 '국민 전체를 위한 이익'이라는 큰 그림이 인식되기 시작한다. 그리고 국회의 감시를 받는 대통령 처지에서 국회가 국민과 언론으로부터 견제를 받으면 편해지는 것도 사실이다.

국회는 한국인에게 가장 신뢰받지 못하는 곳으로 늘 꼽힌다. 그런 국회를 개혁하자고 하면 반대할 국민이 없다. 우호적인 국민을 늘리는 전략적 방안 중의 하나이기도 하다. 물론 현재 국회는 전략적 대상을 넘어 근본적으로 개혁되어야 할 기득권 수준에 머물러 있다.

국회가 구조적인 경쟁자라면 다른 개혁대상들은 어떻게 만들어내야 할까? 전략적으로 접근하면, 일단 국민 대다수가 동의하는 집단이나 기관이어야 한다. 이념 갈등보다는 미래지향적 결과를 낳을 수 있는 주제가 좋다. 예를 들면 고위공직자와 재벌에 대한 개혁은 대다수 국민이 동의한다. 노동 개혁은 계급 갈등과 이념적 갈등을 일으키

므로 부담스러운 주제이다. 공기업의 지방 이전이나 지방분권 의제는 미래지향적 결과를 낳을 수 있기에 정치적으로 나쁠 것이 전혀 없다.

개혁의 순서는 대다수 동의가 가능한 의제에서 동의 수준이 떨어지는 쪽으로 정할 필요가 있다. 쉬운 것을 해서 힘을 모으고 여론을 모아야 나중에 힘든 것을 추진할 수 있다. 정권 초반에 과중한 의제를 성급하게 던지면, 5년 내내 그 의제에 발목이 잡힐 수 있다. 문재인 정부의 권력기관 개혁의 전략·전술이 부족했다는 비판도 여기에 기인한다. 윤석열 총장 한 사람에 발목이 잡혀서 사회·경제적 의제로 나아가지 못했다. 물론 코로나라는 전대미문의 위기를 극복하고 선진국 대열에 합류한 것으로도 성과는 충분하지만, 역사가 문재인 정부의 성과를 상징하는 키워드로 무엇을 기록할지는 애매하다.

집권 세력은 현재와 미래에 대한 투쟁을 같이 치러야 한다. 현시점의 단기 지지율을 관리하면서, 장기적인 국가 비전을 추진해야 한다는 의미이다. 김대중 정부는 현재에 대해서는 투쟁보다는 타협을 택했다. 자민련이라는 보수세력과 손을 잡았고, 동교동계라는 오래된 세력을 주축으로 삼았기 때문이다. 덕분에 정치개혁은 부족했다. 반면 남북화해와 선진국의 토대가 된 지식정보산업의 육성 등 역사에 남을 수많은 업적을 남겼다. 노무현 정부는 현재와 미래에 대한 투쟁을 동시에 진행했다. 정치·사회 개혁의 성과를 남겼고, 역사적으로 권위주의의 해체와 국가균형발전이라는 성과를 남겼다. 다만, 힘에 부쳤다. 정권을 연장하지 못했다. 문재인 정부는 의도치 않게 현재에 대한 투쟁을 과도하게 벌이고 말았다. 덕분에 미래에 대한 투쟁은 시작하지도 못했다.

이기지 못할 싸움은 시작하지 않는 것이 맞다. 즉, 이길 수 있는 적을 택해야 하고 당연히 준비된 싸움이어야 한다. 문재인 정부 초기에는 검찰개혁을 이토록 오랫동안 끌고 가거나, 검수 완박의 상황까지 고려하지 않았을 것이다. 조국 장관을 퇴진시킬 때, 윤석열 총장을 같이 사퇴시켰더라면 정권의 운명을 건 싸움이 되지 않았을 수 있다. 국정운영의 전략이 부족했다.

정치에는 근본적으로 전략과 권모술수의 개념이 포함돼 있다. 그래서 정치의 목적은 세상을 이롭게 하는 것이지만, 현실에서는 '이기기 위한 것'이기도 하다. 훌륭한 패배는 현실 정치에는 존재하지 않는다. 이길 수 있는 적을 만들고, 승리를 통해서 우리 편을 확대하고, 다수자의 힘으로 권력을 두텁게 쌓는 것이 집권 세력의 현실이 되어야 한다. 그래야만 가치나 이상(理想)까지 나아갈 힘이 생긴다. 늘 이길 수 있는 개혁대상을 찾아내야 한다.

마지막으로 야당과의 관계는 아무리 강조해도 지나치지 않는다. 정치는 마키아벨리적이다. 앞서 말한 국회 개혁대상에서 야당이 빠질 수는 없다. '새는 좌우의 날개로 난다.'라고 한 이영희 선생의 말씀처럼 야당도 혁신해야 정치가 발전한다. 야당도 자체의 개혁 프로그램이 있는 편이 이롭다. 발전 가능성이 없는 수구적이고 맹목적인 야당은 국정의 발목만 잡는다.

야당이 자기 혁신과 성찰에 바쁘도록 북돋우어주는 것은 전략적으로 의미 있다. 당연히 야당을 직접적인 적으로 규정하는 것은 무모한 행동이다. 행정부와 야당이라는 관계에서는 당연히 존중해야 한다. 야당도 국민의 대표이기 때문이다. 그러나 정권을 지지하는 국민의 심정은 야당을 진짜 적처럼 느낄 수 있다. 스스로 생기는 홍위병이 있을 수도 있다. 이들은 야당을 압박하는 좋은 카드이기도 하고, 경계선을 넘지 않도록 유심히 살펴봐야 할 잠재적 위험 요소이기도 하다. 제국은 늘 내부에서부터 멸망의 기운이 싹튼다. 내부의 기득권과 내부의 근본주의적 경향을 동시에 관리해야 한다.

　　정부는 절대 선(善)의 위치인 양 이미지 메이킹해야 한다. 잔혹한 범죄나 새로운 사회악이 등장하면 정의의 상징인 어벤져스처럼 공격해야 한다. 만만한 적을 무찌르는 용맹한 십자군이 되라는 것이다. 그리고 가장 큰 적이 될 가능성이 있는 국회 또는 야당에는 자기 혁신의 과제를 제안하거나 정권을 지지하는 국민을 통해서 압박할 줄도 알아야 한다.

신 5적(新 五賊)

1970년 시인 김지하는 개발독재 과정에서 부정부패로 엄청난 부(富)를 축적한 대표적인 직업군을 을사오적에 빗대어 5적이라고 풍자한 바 있다. '개 견(犬)'까지 동원해 조롱한 이들은 재벌, 국회의원, 고급공무원, 장성, 장·차관이다. 이 시에는 5적의 부정부패를 척결해야 할 포도대장이 나온다. 그런데 포도대장이 오히려 5적에게 매수되어 결국은 날벼락을 맞고 죽고 만다. 포도대장이면 검찰총장 정도 되는 자리인데, 예나 지금이나 변한 것이 없는 모양이다.

김지하의 5적이 나온 지 50년이 흘렀고, 21세기가 20년을 훌쩍 지났다. 지금 다시 반문해 본다. 5적은 사라졌는가? 민주주의가 정착되었고, 선진국이라고 자부하고 있지만, 불공정과 부정부패가 사라졌다고 대답할 국민은 없을 것이다. 5적은 또 다른 직업군으로 남아서 대한민국을 좀 먹고 있다. 이재명 정부가 해결해야 할 개혁대상이다.

완전히 적이 사라진 사회는 존재할 수 없다. 이기적인 인간의 본성 탓이다. 민주주의의 제도화와 경제적 성장으로 전반적인 부정부패가 줄어드는 것은 경험된 사실이지만, 새로운 사회현상의 출현은 새로운 양식의 범죄와 부정부패를 만들어낸다. 금융, 주식과 관련한 이른바 인텔리 범죄나 인터넷과 가상현실의 신종 범죄는 과거엔 없던 것들이다. 반면 사회의 구조화된 기득권은 일부만 변화했을 뿐 50년 전과 별반 다르지 않다.

김지하가 5적이라고 명명했던 직업군 중에서 군 장성 정도만이 기득권에서 사라진 것 같다. 군사 정권이 몰락했으니 당연한 결과이다. 물론 아직도 군(軍)이라는 폐쇄적 공간 속에서의 비민주적 기득권은 일부 남아서 종종 사건, 사고 뉴스에 나오고 있다. 장·차관은 고위공무원에 속하기에 따로 언급할 필요가 없다. 최근에는 청문회가 생기고 국정감사 등이 언론에 노출되면서 투명한 삶을 살 수밖에 없게 되었다.

50년이 지난 지금, 신 5적을 꼽으라면 고위공직자와 재벌은 그대로이고 법조계, 언론, 그리고 부동산 개발업자를 새롭게 넣고 싶다. 고위공직자는 쉽게 말해서 행정고시를 통과한 직업공무원이다.

대한민국 근대화에서 우수한 공직자의 역할은 절대적이었다. 그들의 애국심과 희생에 대해서는 경의를 표하지만, 특권과 관료주의라는 대가를 혹독하게 치르는 중이다. 일단 고시 출신이라는 라이센스를 얻으면 인생이 끝까지 보장되는 특권이 생긴다. 퇴임 후에도 공공기관이나 유관 산하단체로 진출할 수 있다. 공적 영역에서의 취업 생활이 끝나더라도 또다시 공무원 재직 시절에 관계했던 민간 기업으로 진출할 수도 있다. 국가가 만들어 준 자격증과 전문성, 경륜을 통해서 평생을 보장받는 셈이다.

'한 번의 시험으로 평생을 보장받는 시스템이 과연 공정한가?'라는 근본적인 질문을 던지지 않을 수 없다. 관료제의 안정성이 근대국가의 기초라는 점은 인정하지만, 경쟁이 없는 특권이 평생을 이어진다면 불공정하다. 특권에 비해서 책임은 크지 않다. 예를 들어 정책실패로 사임한 공직자는 찾아보기 어렵다. 장·차관을 제외하고는 거의 국민의 감시도 받지 않는다. 때로는 전문성을 이유로, 때로는 정보 독점의 특혜로 자신들만의 장벽을 구축하고 있다. 경쟁과 책임이 없는 삶의 연속이다.

고위공직자의 특권을 없애기 위해서는 먼저 충원방식이 바뀌어야 한다. 행정고시라는 독점적 방식에서 벗어나 다양한 루트가 열려야 한다. 폐쇄적 동종교배는 종의 퇴보를 가져온다. 개방형 임용을 통해서 다양한 영역에서 성장한 전문가가 들어올 수 있는 구조를 만들어야 한다. 특히, 정책 결정의 영역에는 정권의 성격과 부합하는 이른바 코드 인사도 필요하다. 국정 방향을 맞추고 정책 결정의 책임성을 높이기 위해서이다.

장기적으로는 행정고시의 폐지를 검토해야 한다. 지금 대한민국은 일부 엘리트를 중심으로 운영되는 크기의 사회가 아니다. 엘리트주의의 특징이 현장과 하부 단위에 대한 무시이다. 관료주의의 병폐가 생기는 이유 중 하나이다. 절대권력은 절대적으로 부패한다고 하듯이 경직된 계급사회는 필연적으로 관료주의로 옮겨 간다. 진입 과정부터 특권과 폐쇄성을 만들어주는 고시제도는 이제 폐지될 때가 되었다. 다양성과 진입장벽 낮추기, 진입 이후의 경쟁을 기본방향으로 하는 장기적 인사 시스템의 혁신이 필요하다.

정책 결정 과정의 혁신도 필요하다. 참여의 폭은 더욱 넓히되 과정은 축소해야 한다. 장식용처럼 만들어 각종 위원회에 참가하는 위촉직 교수만을 말하는 것이 아니다. 현장에서 직접 집행하는 단위의 지방직 공직자, 공기업 직원, 더욱 앞서나가서 수혜자의 의견을 반영하는 것도 방법이다. 소통의 기본이 상대방 입장을 존중하는 것이다. 그런 점에서 수혜자의 관점을 반영하는 혁신이 요구된다.

정책 결정에서 상벌을 분명히 해야 한다. 물론, 상벌이 두려워 결정하지 않는 고위공직자는 과감히 퇴출당하여야 한다. 고위공직자는 기업에 비유하면 임원이다. 기업처럼 높은 책임감과 연봉이 보장되어야 한다. 공직사회의 혁신은 두고두고 다룰 주제이지만 여기에서는 기득권의 해체라는 차원에서 고시 폐지, 개방형 임용, 정책 책임제 정도만 언급하겠다.

50년 전이나 지금이나 변함없는 기득권은 재벌이다. 재벌이 무엇이길래 이토록 특권의 생명이 긴 것인가. 재벌 회사들이 자주 걸려드는 공정거래법에서 재벌은 총 자산규모가 5조 원 이상인 대규모 기업집단으로 규정되어 있다. 이런 식의 규정이면 부정적이지 않다. 그러나 국민 눈에는 정경유착, 가족경영과 세습, 상호출자를 통한 문어발

식 경영, 불공정 경쟁을 통한 시장의 독점, 그리고 총수 일가의 도덕적 해이 등의 부정적인 면으로 비추어지고 있다. 한국의 재벌은 압축적 산업화를 거쳐서 선진국 진입의 1등 공신이지만, 5적의 수준이 아닌, 악의 축처럼 국민에게 인식돼 있다. 자본주의가 일찍 발단한 선진국에도 재벌에 비교될 만한 가족이 모태가 된 기업이 존재한다. 서유럽의 유대계 금융자본인 로스차일드 일가가 있고, 미국에도 록펠러, 모건, 뒤퐁 가문이 있다. 그러나 가족이 여러 회사의 경영 전체를 관장하지는 않으며, 모기업의 순환출자로 선단처럼 회사가 연결되어 있지도 않다.

재벌에 대한 평가는 외국에서도 좋지 않다. OECD가 2018년 발표한 국가별 경제 동향 검토보고서를 보면, 30대 재벌이 제조업 매출의 65% 이상, 전체 이익에서 67%를 차지하고 있다. 문제점으로는 주주를 무시한 총수 일가의 이익 집중과 부패 현상, 불공정거래로 인한 새로운 기업이나 중소기업의 성장 방해, 경제 규모에 비례하지 못한 고용을 꼽고 있다. 한국 전체 고용 중에 2.7%에 불과한 재벌 기업의 현실은 65% 정도를 차지하는 매출액에 비하면 터무니없는 비율이다. 이러고도 국민 기업인 척할 수 있는지 반문할 수밖에 없다. 재벌을 개혁하기 위해 출자를 제한한다든가 핵심사업에 집중할 수 있는 전문화 정책들이 나왔지만, 재벌에 대한 우려를 씻기엔 역부족이다.

OECD는 문제점과 더불어 재벌개혁의 방안도 제시하고 있다. 기업의 전문화를 필두로 중소기업과의 공정한 경쟁, 사외이사제의 현실화, 주주 집단소송제 등이다. 사실 지배구조 개선과 순환출자의 고리의 완전한 해소 등과 같이 한국에서도 수십 년 동안 반복해서 제안된 의제이다. 문제점과 해결방안이 국내외를 막론하고 일치하는 데 왜 실행되지 않는 것일까? 저항이다. 돈으로 만든 또 다른 권력으로 민주주의가 만든 권력에 저항할 힘을 가진 것이다. 부패와 정경유착의 고리를 넘어서 이제는 사회적 이데올로기를 만들어 여론전에서도 승리하고 있다. 최근 이재용 씨의 가석방이 실례이다. 최순실 국정농단 사건뿐만이 아니라, 삼성바이오의 분식회계 등 다른 중대한 범죄 사실이 재판 중임에도 여론을 빌미로 가석방된 것이다.

한국 최대의 광고주인 삼성과 여론을 만드는 언론사의 관계도 의심하지 않을 수 없다. 재벌은 독재 앞에서는 꼬리를 내리고 기생할 방법을 찾고, 민주주의 앞에서는 당당하게 여론전을 하고 권리를 주장한다. 군사 쿠데타로 집권한 전두환을 두려워해 일해재단에 돈을 갖다 바친 것이며, 박근혜 대통령의 눈 밖에 나는 것이 싫어서 미르재단에 돈을 낸 것이다.

재벌이 민주주의를 두려워하게 하는 것이 방법이다. 재벌의 법 앞에서의 평등과 엄격한 적용이 민주 정부에서도 지켜지지 않았다. 징벌적 손해배상으로 재벌이 망하는 모습이나 경영권이 바뀌는 모습이 연출된다면 그들이 악순환을 지속할 수 있을까? 왜 재벌이 군사 정권은 두려워하고 민주주의는 만만하게 보는지 근원적 질문을 던지고 싶다.

차기 정부에 부탁드린다. 막스 베버가 정의한 천민자본주의의 뿌리에서 시작된 한국에서 완벽한 재벌개혁은 불가능한 꿈인 것 같다.

실현 불가능한 완성형 제도를 꿈꾸지 말고, 국민의 속이라도 시원하게 하는 상징적 조처라도 있었으면 한다. 전두환이 불려 나오고, 정주영이 노무현 앞에서 설설 기는 5공 청문회 같은 희열이라도 맛보고 싶다. 그게 정치의 맛이다.

법조계는 말할 필요도 없다. 양승태 대법원장의 사법농단 사건과 윤석열 검찰총장이 재직 시절 보여준 행태만으로도 개혁의 정당성은 충분하다. 개혁의 방향도 충분히 나와 있다. 다만, 법조 권력이 비대해져 사회 전체에 과도한 영향력을 행사하는 현재 상황에 대한 근본적 문제의식을 느끼고 매듭을 끊어야 한다.

첫 번째 원인은 사법고시 제도였다. 고시야말로 엘리트주의의 온상이며 특권의 출발점이다. 판사나 검찰과 같은 고위 공무원이 되거나 변호사가 되는 것만으로도 신분 상승이 이뤄지고, 특권층에 편입되었다. 다행히 고시가 없어졌으니, 로스쿨 출신이 대다수를 이루는 시대가 빨리 오기를 바랄 뿐이다.

두 번째는 법원과 검찰 조직의 폐쇄성이다. 순혈주의와 기수 문화이다. 당연히 개방되어야 한다. 변호사들이 들락날락하는 플랫폼처럼 법원과 검찰의 인사가 이뤄져야 한다. 미국처럼 변호사로 검증된 사람이 판사와 검사를 맡아야 한다. 또한, 행정업무까지 법조인들이 맡는 일도 없어져야 한다. 좀 더 나가자면, 중요한 조직의 장은 민주적 절차에 의해서 선출하는 것도 방법이다. 다음 정부에서 실험적으로 특별자치시도인 세종시나 제주도 같은 곳에서 한번 해봤으면 한다.

근본적으로 법조 권력의 비대화는 민주주의에 잠재적 위협이 될수 있다. 특히 한국은 헌법재판소가 존재하는 것만으로 충분한 개연성이 있다. 헌재가 박근혜 대통령에 대한 탄핵이나 통진당의 해산을 최종으로 결정했던 일이 정당한가는 논쟁해 봐야 할 역사적 사건이다. 왜 헌재가 헌법을 해석하고, 민주주의가 무엇인지 정의를 내리며 수호자의 권능까지 가지게 되었는지 완벽하게 설명되지 않는다. 그럼 헌재는 누가 견제한다는 말인가? 한국에서 헌재는 민주주의와 한 몸이 된 국가의 운영원리인 공화주의의 역할(숙의와 통합적 결정 과정)을 하고 있다.

구성원들은 모두 법조인들로 구성되어 있다. 법조인들은 법의 시각으로 헌법을 해석하는 경향이 있는데, 헌법은 대부분 민주주의와 정치체제에 관한 내용이다. 법보다 심오한 정치철학이 헌법을 구성하고 있다는 뜻이다. 기실 법은 지배를 위한 도구일 뿐이지 이념이나 사상이 아니다. 즉, '법에 위한 지배'(Rule of Law)는 때로는 민주주의 체제의 지배 도구였고, 때로는 독재의 지배 도구였기 때문이다.

또 다른 헌법기관인 선거관리위원회도 법조인들이 대다수이다. 감사원장도 법조인이 주로 해왔다. 누가 누구를 심판하고 감시한다는 말인가? 법조인은 기능적 존재이지 국민의 대표가 아니다. 민주주의의 머슴에 불과한 법이 민주주의를 잡아먹는 현장을 윤석열을 통해서 겪고 나니 더욱더 우려스럽다.

위에서 기술한 내용은 개헌 사항에 해당하는 것이기에 당면 과제로 보기는 어렵다. 그러나 군사독재가 사라진 이후, 민주주의의 그

늘에서 거미줄을 치고 구조적 권력을 키워온 검찰과 사법 권력을 경계해야 함을 말하고 싶다. 기소와 수사의 완전 분리, 사정(査正) 기능의 분산은 물론이고 중앙의 권한을 지방으로 분산하고 독립화하는 것도 검토해야 한다. 권한이 특권이다. 권한의 축소가 법조계의 기득권과 잠재적 위협을 제거하는 유일한 방법이다. 대의제 민주주의에 의한 문민 통제는 기본이다.

문재인 정부에서 이뤄진 공수처나 검경 수사권 조정, 공판중심주의 등의 성과를 이어서 수사와 기소의 완전 분리로 나아가야 한다. 국민의 사법 참여(배심원제)도 더욱더 확대해야 한다. 그 과정에서 판사의 수를 획기적으로 늘려야 한다. 수가 늘어야 특권이 줄어든다.

현재 언론은 견제받지 않는 권력이다. 소수 보수언론의 독과점적 시장지배와 민의의 왜곡은 민주주의는 물론이고 국민을 삶을 침해하는 심각한 위해 요소이다. 최근 징벌적 손해배상제도가 국회에서 좌초되는 모습은 언론 권력의 영향력을 극단적으로 보여준다. 징벌적 손해배상제도의 문제의식은 언론이 보도에 대한 책임을 지지 않는다는 점이다. 언론의 잘못된 보도로 회사가 망하고 병까지 얻은 배우 고 김영애 씨 사건이 대표적 사례이다. 대법원은 이 보도에 무죄 결론을 내렸다. 공익적 목적이었기에 죄가 성립되지 않는다는 이유에서였다. 언론이 국민의 삶을 송두리째 빼앗았음에도 언론은 책임지지 않았다. 징벌적 손해배상을 두고 여야는 언론의 비판 기능에 재갈을 물린다고 정쟁을 일삼았을 뿐, 국민의 삶에 천착하지는 못했다.

현재 언론의 가장 큰 문제는 보수적 논지가 아니라, 책임이 없고 사회적 견제가 불가능하다는 점이다. 과거 군사 정권 시절, 언론은 정권의 나팔수로서 가해자였지만 한편에서는 피해자였다. 보도지침에 의해서 진실을 밝힐 수가 없었으며 양심적인 기자들이 대량 해직되기도 했다. 그러나 지금의 언론은 대부분 외부의 압력이 아니라, 특권과 자사 이기주의에 젖어 사회적 공기로서의 자기 위치를 망각하고 있다. 양심과 진실에 대한 호소만으로 언론을 개혁하기 어려운 상황이다.

정치권에서는 '언론의 논조'나 '왜곡'을 지적하고 있지만, 앞에서도 말한 것처럼 자사 이기주의와 상업적 선정주의가 국민의 삶에는 더 위협적이다. 상업적 성공을 위해서 대놓고 가짜뉴스를 만들고 의도적 짜깁기를 하는 언론이 수없이 많다.

언론 개혁은 우선적인 시대적 조류는 시장의 투명성 차원이다. 먼저 언론사의 지배구조를 개선해야 한다. 족벌경영으로 인한 경영권의 독점이 데스크를 억누르고 언론사의 구성원 전체를 사주의 개인 입장에 동원하는 구조로 만들었다.

세금 문제에 대해서는 진정으로 법대로 해야 한다. 국세청도 겁을 내는 무소불위의 조폭 언론의 시대를 이제는 청산해야 한다. 왜 언론사는 세무조사를 받지 않는가?

마지막으로 불공정 거래행위 거래행위를 차단하기 위해서 공동판매제도와 신문고시제 등을 보완해야 한다. 신문고시제를 가장 많이 위반하는 언론사가 독점적 지위를 누리는 보수 일간지들이다. 대안매체에 대한 지원과 시민사회의 감시 기능을 지원해야 하는 것도 유효한 방법일 수 있다.

부동산 개발업자를 낳은 것은 '토건 공화국'의 정책 탓이다. 수도권 중심의 단핵 발전 전략이 낳은 필연적인 결과물이다. 정치, 경제, 교육, 문화 등 사회 전 분야의 중앙집권이 심해지면서, 수도권의 인구가 폭발적으로 늘어났다. 당연히 주택 부족 현상이 생긴 것이다. 여기에 산업화 시기 급속하게 팽창된 건설자본의 욕구까지 가세하면서 대규모로 개발해야 이익이 생기는 구조가 완성되었다.

최초의 신도시는 강남이다. 70년대 중반 중동 특수로 건설 회사가 과대해졌다. 그런데, 중동 특수가 줄어들면서 건설자본은 새로운 수요를 찾아야 하는 상황이 발행했다. 수도권에 몰린 국민의 주거 요구와 대형건설사의 생존전략을 정부가 수용한 셈이다. 선거철마다 단기 경기부양을 위해서 건설업을 키운 것도 정부다. 정부로서는 부동산이 차지하는 거시경제 수치의 상승 폭도 필요했을 것이다. 정책적인 측면 외에 특혜와 정치자금의 제공이라는 어두운 거래도 한 몫 거들었다고 본다.

이렇게 성장한 부동산개발산업은 건설산업의 과대화와 땅의 부족이라는 비대칭의 극단을 만들어냈다. 집을 많이 지어도 집값이 오를 수밖에 없는 구조를 지니고 있다. 여기에 유동성 자금까지 가장 안전하다고 믿고 있는 부동산으로 몰려드니, 백약이 무효한 상황이 되고 말았다. 대규모 개발을 하지 않는 것이 부동산을 잡는 유일한 방법이라고 생각한다. 대규모 개발이 없으면 인허가와 자금 조달을 둘러싼 개발 비리는 작아지거나 줄어들 것이다.

2021년 봄, LH 사태가 터졌을 때, LH를 없애버렸어야 했다. 토지를 수용해서 구획 정리만 하고 난 후, 민간에게 땅을 팔아서 민간 건설업자 배를 불리게 해주는 것이 공기업이 할 짓인가? 만약에 LH가 임대주택이나 서민주택을 중심으로 지어서 수요와 공급을 맞추었다면 이런 사단이 일어났을까? 공공이 나서서 신도시를 지정하고 대규모 지구 단위의 땅을 수용해주지 않았다면 민간 개발업자가 사업을 할 수 있었을까? 토지 소유의 불평등, 과대화된 건설업, 그리고 책임지지 않고 부동산 중개업자가 되어버린 공공이 모두 공범이다.

부동산은 문재인 정부가 스스로 실패했다고 인정한 유일한 정책이다. 부동산이 처음 여론의 질타를 받은 것은 청와대 참모들 때문이었다. 민심은 LH 사태를 맞아 폭발했다. 초반에 청와대가 참모들의 부동산 자체 조사를 언론에 공개한 것이 일이 꼬이기 시작한 원인이다. 아무도 청와대 참모들의 부동산을 공개하라고 한 적이 없다. 스스로 공개해보니, 비서실장과 민정수석부터 문제가 있었다. 그때부터 내리막길이 시작되었다. 부동산은 정책이면서 4촌이 논을 사도 배가 아프다는 식의 정서적 시샘의 근원이다. 고위직의 부동산 문제는 민감한 문제이다. 자신이 없으면 시작을 말았어야 했다.

공정과 평등의 관점에서 땅을 들여다봐야 해결할 수 있다. 먼저 김영삼 정부에서 위헌 결정을 받은 토지공개념을 다시 검토해야 한다. 시대가 바뀌면 법의 해석도 달라질 것이다. 둘째, 공공은 임대나 서민주택으로 수요와 공급의 사이클을 맞추도록 노력해야 한다. 집은 수

명이 있기에 당연히 사이클이 생긴다. 문재인 정부는 이를 예측하지 못했다. 1인 주거라는 주거 형태 변화도 감지하지 못했다. 규제로만 해결할 일이 아니었다. 정책실패가 분명하다. 셋째, 장기적으로 민간개발에 대한 일말의 개입이나 특혜를 없애야 한다. 개발사업의 과정이 어려워지고, 사업의 규모가 작아지도록 돼야 한다. 이윤이 줄어들면, 자연스럽게 대형 건설업이 축소될 것이다. 역으로 작은 단위의 재개발이나 정비사업에는 도로나 상하수도 등의 공적인 사회적 인프라 지원이 쉽게 가능토록 해줘야 한다. 아마 지역의 건설 관련 중소기업을 살리는 방법이 될 수도 있다. 물론 이윤은 작아질 것이다. 큰 이윤이 있는 곳에 큰 비리가 있고, 사람들의 욕망이 몰린다. 근본적으로 수도권 인구의 분산정책을 적극적으로 추진해야 한다.

국가를 영어로 '랜드(Land)'라고 부르는 나라가 제법 있다. 우리 헌법에는 대한민국은 영토로 구성되어 있다. 그것은 사유재산이 보장되는 자본주의 체제를 기본으로 하지만, 땅은 국가라는 이중성을 가지고 있다는 뜻이다. 김영삼 정부 시절에 토지공개념을 위헌으로 간주한 것은 헌법의 정치사상을 제대로 해석하지 못한 것이다. 국가는 땅의 공공성을 주장할 수 있다.

국민이 정의롭고
공정하다고 느끼도록

문재인 정부를 위기로 몰아넣은 것은 경제위기나 부정부패가 아니라, 촛불 정부의 공정에 대한 의문이었다. 막판에 터진 부동산 문제도 공정하게 살아서는 집을 구할 수 없다는 아우성을 포함하고 있다.

문재인 정부에서 공정의 문제가 처음 등장한 것은 인천국제공항공사의 비정규직 직원을 정규직화(인국공 사태)하면서부터였다. 어려운 시험을 치지 않고 들어온 비정규직을 정규직으로 전환해주면, 어렵게 관문을 통과하려는 사람들과 공정하지 않다는 주장이었다. 정부는 사회적 약자인 비정규직의 손을 들어 주었다. 물론 이들이 시험을 통해서 들어온 정규직과 동등한 대우를 받는 것은 아니었지만, 공기업 취업을 준비하던 청년들 반감은 거세졌고, 청년 간 노동자 간 갈등으로 확대됐다. 과거 사회적 약자에 대한 배려로 인식되던 것들이 공정하지 못하다는 비판을 받으면서 기성세대는 적잖이 놀랐다.

인국공 사태를 찬찬히 살펴보면, 공정으로서의 정의를 주장한 존 롤즈의 정의론에 어긋나는 점을 발견한다. 롤즈는 '차등의 원칙'에서 사회적 약자에게도 공정하게 경쟁할 기회를 제공할 것을 주장했지만, 인국공 사태는 결과의 평등이 강조된 측면이 있다. 물론, 지금의 청년 세대가 과거처럼 공동체적 가치를 추구하지 않고, 개인 처지에서 공정과 평등에 더 관심을 두고 있다는 비판도 있을 수 있다. 그러나, 이것은 세대의 특성이지, 선악의 시선으로 볼 수 있는 것이 아니다. 청년 세대의 특성을 섬세하게 파악하지 못한 정책 결정 당국의 잘못이라고 결론 낼 수밖에 없다.

조국 장관의 가족, 특히 자녀의 입시와 관련되어 또다시 공정의 문제가 불거졌다. 물론 이것은 윤석열 총장의 작품이다. 애초에 윤석열 총장은 부인의 사모펀드 의혹은 수사하겠다고 했다. 그렇다면 자녀의 입시 문제는 명백한 별건이다. 당시 사회의 상류층에서 흔히 있었던 스펙 관리라고 여겼던 사안일 수도 있다. 그러나 평소 평등주의적 가치를 주장했던 진보로서는 내로남불이라는 비판을 받을 수밖에 없었다. 입시와 관련된 관행화된 불공정이라도 없어져야 할 사안임은 분명하다.

조국 장관의 가족이 검찰개혁의 볼모로 난도질당했다는 사실은 공정 이슈와는 별개로 안타까움을 가지게 했다. 검찰개혁과 저항하는 검찰 사이에서 공정 이슈가 나올 이유가 없는 곳에서 만들어진 측면이 있다.

공정은 어려운 가치이다. 상대적인 개념이기 때문이다. 절대적인 점수를 정해놓았다면 편할 것이지만, 상대평가이기에 심리적 요소가 강하게 작동한다. '공정은 정당하고 평등하다'라는 의미로 해석된다. 평등이야말로 전형적인 상대적 개념이다. 국가 전체를 사회주의 체제로 바꾸고자 했던 시도는 평등을 절대적 개념으로 오인해서 생긴 일이다. 정당하다는 것은 '합리적이다, 또는 동의할 만하다'로 해석될 수 있다. 공정과 함께 자주 등장하는 정의는 무엇일까? 정치적 정의는 '자유롭고 평등하다'라는 의미를 가지고 있다. 역시 상대적 개념이다. 정의롭지 못한 것의 상대 개념이다. 상대적 개념이라고 계속해서 강조하는 이유는 절대적 정의나 공정이 존재하지 않는다는 데 방점을 찍기 위해서다. 즉, 마이클 샌델의 말처럼 '공정하다는 착각' 정도만 들게 해도 성공적이라는 이야기를 하려는 것이다. 정의론의 대가인 존 롤즈는 공정으로서의 정의에서 차등의 원칙을 강조했다. 사회시스템을 구성하는 철학으로서는 정확하다고 본다. 사회적 약자에게 더 많은 배려를 통해서 기회의 평등을 만들어야 한다.

그러나 대중의 인식은 상대적 개념을 이해할 만큼 심오하지 않다. 복지나 시혜는 사회적 약자가 아니라, 당연히 받는 것으로 인식하게 된다. 여기에서 진보의 딜레마가 발생한다. 사회적 약자에게 실컷 주고도 표는 받지 못하는 상황이 연출된다. 선진국이 될수록 사회적 약자와 빈곤층은 자신들을 위하는 정책을 가장 열렬히 실행하는 진보를 찍지 않는다. 오히려 안전망으로써의 복지를 축소하고, 모두가 성공할 수 있다는 망상을 주는 보수를 선호한다. 이렇듯 '정의'라는 개념은 실체라기보다는 심리적인 요인이 강하게 작동한다. 즉, '정의롭고 공정하다'라고 느끼게 하는 것이 더 중요하다.

　인간은 이기적이다. 민주주의는 이기심에 기반한 평등을 추구한다. 본인이 적절한 대접을 받더라도, 상대방이 과도한 대접을 받으면 불공정하다고 느낀다. 타인의 속사정이나 구체적 상황을 알 필요가 없다. 드러나는 것만 보고 반응한다. 인국공 사태와 조국 장관의 가족을 보도한 언론의 행태가 그런 심성을 부채질했다. 언론을 탓하는 것이 아니라, 언론이 그런 인간의 속성을 활용한다는 점을 인식하라는 뜻이다. 사회적 약자에게 주는 복지와 배려는 당연한 정책이다. 기초노령연금으로 노인의 지지율이 높아지지 않고, 청년 배당으로 청년의 지지율이 갑자기 높아지지 않는다. 인식의 차원을 넘어서는 수준으로 국가의 사회적 분배 활동은 당연한 것으로 체득되어 있다. 어찌 보면 좋은 세상에서 살고 있다. 이론에서는 이를 분배 정의라고 하는데, 국민은 당연할 뿐 정의로 느끼지 못하는 것이다.

　국민이 즉각적으로 정의와 공정을 느끼도록 할 수 있는 방법이 있을까? 대중은 사회적 약자에게 더 많은 배려를 줄 때보다, 강자를 혼내 줄 때 더 통쾌함을 느낀다. 사회적 악이나 불의의 강자가 쓰러지는 것을 볼 때, '정의는 반드시 승리한다'라고 어벤져스는 말하고 있다. 전통적 의미로 권선징악이다.

　할리우드의 잘 팔리는 영화의 공식이 바로 정의와 공정의 대중 인식론적 관점이다. 어벤져스의 아이언맨이 억만장자이고 군수산업으로 돈을 벌었다는 사실을 까맣게 잊어버리고, 악당을 쳐부수는 정의로운 영웅으로만 기억된다. 새로운 적을 찾으라고 제안하는 까닭이 여기에 있다. 강자와 싸우는 정치인에게 받는 시원함, 사이다 같은 일성이 정의의 목소리이다. 상대적 개념인 공정은 불공정이 존재해야 돋보인다. 불공정을 찾아서 공정과 정의의 이름으로 심판하는 정부가 되어야 한다.

포용의 정치

'새로운 적을 찾아라'라고 조언하다가 갑자기 포용을 이야기하니, 뜬금없을 수도 있다. 포용의 정치가 야당이나 적대세력도 안아 주라는 좁은 의미는 아니다. 정치의 본질적 요소에서 두 가지 포용을 뽑아내려는 것이다. 첫째는 사회의 다양한 계급, 계층의 이익을 폭넓게 수용하도록 노력하자는 의미이다. 둘째는 적대적 세력이나 야당과의 격렬한 투쟁 다음에는 반드시 포용적인 행동을 취하라는 제안이다.

한국에서 계급과 계층의 이익을 대변하는 집합체는 정당이다. 양극화된 정당 체제이지만, 군소정당이 존재해서 다당제 기능을 할 수도 있다. 그러나, 한국의 정당 수준이 거대 양당을 제외하고는 이념적 좌표 설정만 하고 있을 뿐, 이익단체나 시민사회의 요구를 수용할 만한 준비가 되어 있지는 않다. 국민의당처럼 정치학 개론에서도 이해가 되지 않는 정당이 존재하는 것이 한국이다. 거대 양당은 관성화된 유권자 지지그룹에 의존하고 있어서 새로운 이익단체나 사회적 약자의 보호에 소극적이다. 민주당에서 을지로위원회가 탄생한 이유이기도 하지만, 정당이 당연히 해야 할 일을 위해서 따로 위원회를 둔다는 것은 그만큼 정상적이지 못했다는 방증이다.

이런 현상을 근본적으로 해결하는 방법은 로비스트 법의 제정이다. 한국에서는 로비스트 법이 제정된 바가 없고, 로비라는 개념이 부정한 청탁처럼 인식되어 있다. 그러나 로비는 합법적으로 이익단체의 의사를 정책 결정 과정에 반영하는 훌륭한 이익 대변 제도이다. 극단적이 가정이지만, 정당이 사회적 약자의 이익을 대변하지 못하고, 로비스트 법이 없으면 길거리 투쟁만이 능사인 사회가 된다.

이른바 김영란법으로 불리는 청탁금지법이 제정된 상황에서 로비스트 법은 더욱 필요성이 대두되고 있다. 대관업무라고 불리는 대기업이나 대형 이익단체의 정부나 국회를 통한 로비 기능은 그대로 남아있지만, 대관업무나 변호사를 쓸 수 없는 사회적 약자는 하소연할 방법이 점점 줄어들고 있다.

과거 로비스트 법을 제정하고자 하는 노력이 없었던 것은 아니다. 로비스트 법의 가장 큰 반대 세력은 변호사들이다. 변호사들은 로펌을 통한 수임이라는 형태로 합법적으로 로비스트 역할을 하고 있다. 퇴직한 고위공직자들도 고가의 로비스트 역할을 하고 있다. 로비스트 법이 없는 상황에서 비법률적 방식으로 로비가 이뤄지기 때문에 고액의 로비 사건이 자주 발생하는 것이다.

최순실 국정농단 사건도 기업의 정권 비선 실세에 대한 로비 행위로 볼 수 있다. 비공식적으로 이뤄지는 로비를 합법화하는 측면도 있고, 사회적 약자가 로비 활동을 이용할 수 있도록 해야 한다. 국선변호인 같은 개념의 로비스트도 검토해볼 만하다.

로비스트 법의 제정이 당장 불가능하다면 정당과 국회의 이익 대변 기능을 구조적으로 강화하는 것도 방법이다. 그런 점에서 정당의 지구당 부활이 시급하다. 과거 돈 먹는 하마라는 별명으로 정치 부패의 온상으로 취급되어 사라진 것이 지구당이다. 그러나 지금은 금권 정치가 사라졌다. 오히려 정치의 국민 이탈 현상이 더 심각한 문제로 대두된다. 사회적 지위를 가진 사람이나 정당인이 아니면 일상적으로 정당의 도움을 받을 수가 없다. 지구당이 없어진 탓이기도 하고 특권화한 원내정당 탓이기도 하다. 지구당 부활은 풀뿌리 민주주의의 향상과 기층에서부터의 민원 수렴이라는 정치의 본질적 요소를 수행할 방안이다. 국회는 공청회 수준을 넘어서는 상시적인 입법 과정의 국민 참여 제도를 만들어야 한다.

관료주의로 경직화된 공공기관의 민원 업무에 유연성을 부여해야 한다. 현재 정부나 지자체는 매뉴얼과 온라인이라는 자신들의 편안한 방식으로 국민을 상대하려고 한다. 저학력이나 사회적 약자들의 접근이 애초에 차단되는 측면이 있다. 하물며 이익 갈등이 심각한 악성 민원은 변호사가 없으면 해결되지 못하는 현실이 되었다. 공공기관이 어렵고 힘든 일에서 멀어지면 사회적 불평등이 심화한다. 과연 공공이라고 부를 수 있을까 하는 의문이 든다. 아마 국민 누구도 공공이라고 부르지 않고 그냥 관료라고 부를 것이다.

중앙정부와 지방정부의 정책결정권자가 민원인 앞에 서야 한다. 수많은 층계로 이뤄진 수직적 구조에서는 민원인의 의견이 수렴되지 않는다. 역으로 이것은 정책결정권자가 현장의 목소리를 직접 들으라는 의미이기도 하다. 1층 민원실만 한 바퀴 돌아도 복잡한 민원이 해결되어야 한다.

야당이나 정권에 적대적인 세력을 포용하는 것은 어려운 일이다. 나의 철학이나 가치관, 국정의 방향을 바꾸는 것으로 여기기 때문이다. 만약 철학과 사상의 범주가 아닌, 통치 기술로 생각한다면 부담은 덜 수 있다. 다만, 앞에서 언급한 것처럼 자기 정파의 철학을 절충하고 타협해버리면 자기 지지층으로부터 먼저 비난을 받는다. 딜을 하는 것처럼 갈등이 약한 다른 것을 주라는 의미이다.

민망하지만 군사 정권 시절의 예를 들어보겠다. 극한투쟁을 하던 야당 총재가 청와대를 들어갔다 오면 온순해진다는 평이 있었다. 아마도 약점을 잡혀서 협박을 받았거나 다른 선물을 받아 왔을 가능성이 있다. 민주화 이후에도 국정이 여야 대립으로 막혀 있을 때는 영수회담을 하곤 했다. 군사 정권처럼 협박이나 금전적 선물이 있지는 않지만, 야당이 물러날 명분을 주는 당근이 주어졌다. 국면 전환용 선물이다. 대통령은 국가 원수이다. 때로는 야당 지도부의 정치적 이해도 배려해주는 통 큰 리더십을 보여주어야 한다. 다만 그 전에 우리의 것을 더 큰 것으로 챙겨야 함은 당연하다.

정부가 할 수 있는 또 다른 이익 대변의 방식이 사회협약이다. 노사정위원회가 대표적 기구이다. 노사정위원회는 자본가, 노동자, 정부가 주요 주체인데, 더 확대되어야 한다. 사회가 복잡해져서 3개의 주체만으로는 다양한 요구를 들었다고 할 수 없고, 극단적 대결을 면하기 쉽도록 중립지대의 참여가 필요하다. 노동계뿐이 아니라, 다양한 이익집단과 사회협약을 맺는 것도 방법이다. 이는 정당도 마찬가지이다. 계급정당이라고 보기 힘든 민주당의 현실에서 강력한 지지를 받기 위해서 취할 수 있는 좋은 조직화 방법이다. 한국노총과 협약을 맺은 것과 같은 맥락이다. 필요하다면 신성장 산업 분야와 같은 경제계와 협력관계를 맺는 것도 의미가 있다. 미국의 민주당이 그러하다.

포용의 정치는 다원주의를 기반으로 한다. 다원주의는 서로 상충, 대립하는 이익집단이 정치의 영역에서 투쟁하고 통합하는 과정을 민주주의로 여긴다. 여기엔 거래가 존재한다. 정치는 원래 선악이 아니라, 이익의 조정이며 때로는 거래할 수밖에 없다. 딜(Deal)을 하자!

연정(聯政)을 연정(戀情)하며

흔히 한국의 정당 체제를 양당제라고 하지만, 엄밀히 말하면 군소 제 3 정당이 원내정당으로 존재했다. 현재도 정의당과 국민의당이 존재한다. 이 제3의 정당은 늘 연대와 연합 또는 합당이나 분당과 같은 이합집산의 본거지였다. 다수 독식의 다수결의 민주주의를 택하고 있는이상, 이런 현상은 불가피한 일로 외려 자연스러울 수 있다.

정당의 원래 의미가 국민의 부분(Part)이기에, 다양한 정당이 모이는 것은 국민통합으로 볼 수도 있다. 흔히 '내가 하면 국민통합이고네가 하면 야합이다'라는 식으로 내로남불식 비난을 주고받지만, 분열과 통합은 정치의 본질적 모습이다.

연정의 방식은 다양하다. 선거 때 잠깐 이뤄지는 선거연합이 가장 낮은 단계이고 정책연합 또는 가장 높은 단계인 정부 연합으로 나아간다. 연정하면 떠오르는 나라가 독일이다. 독일은 좌, 우 거대 양당이 공동정부를 구성하는 대연정, 진보와 중도의 소연정, 진보와 녹색당의 적록연정, 보수와 중도의 소연정 등이 수없이 존재했다. 한국에서는 최근 안철수와 오세훈의 단일화 같은 선거연합이 자주 있었으며, 정부를 구성하는 연정은 DJP 공동정부가 존재했다.

연정을 하는 이유가 앞에서 말한 다수구성을 위한 것만은 아니다. 한국처럼 정당의 사회적 기반이 약하고, 맹목적인 대결의 정치를 구사하는 국가에서는 정쟁 약화와 정책 대결로의 전환을 위해서도 필요하다. 현재 상황을 보면 여대야소임에도 야당의 강력한 비토로 날치기가 아니면 법안을 후퇴시키는 방법밖에 없는 후진 정치가 반복되고 있다. 이렇게 국회가 마비되면 관료가 주도하는 정책 결정 모델로 결정 나는 경향이 짙어진다. 관료는 가치와 이념 지향이 낮고, 정책의 효율성보다는 절차의 안정성과 원만함만을 추구하는 경향이 강해서 쉽게 타협점을 찾아낸다. 갈등하는 모두가 불만족스러운 결과를 만들어냄으로 정치 혐오는 확대되고 관료의 안정성은 강고해진다. 실제로 결정을 주도하는 관료는 국민의 눈에 보이지 않음으로 정치권이 욕을 먹게 된다.

지금 더불어민주당이 과반의 의석을 가지고 입법 독주를 할 수 있는 것처럼 보이지만, 실상은 그렇지 못하다. 부동산 임대차법과 공수처법 개정안을 단독으로 통과시키며, 여론의 질타를 받았다. 그러다 보니 중대재해기업처벌법이나 언론 개혁법은 엄두조차 내지 못했다. 의석이 많다고 모든 법을 단독으로 처리할 수 있는 것이 아니다. 결국, 정치를 통한 민심, 즉 여론의 확보가 있어야 다수의 힘으로 밀어붙일 수 있다. 가정이지만, 만약 정의당이나 국민의당이 우호적이었다면 여론이 나왔을 수도 있다.

2년 전 패스트트랙 당시의 국회로 돌아가 보자. 20대 국회에서 123석의 민주당과 바른미래당, 평화당, 정의당의 4당이 주도했던 공수처법과 선거법의 패스트트랙 처리 과정에서는 방해를 놓았던 한국당(지금의 국민의힘)이 더 큰 비난을 받았다. 그냥 당시에는 정당성이 더 높았고, 현재 21대 국회는 전략적으로 미숙해서 그럴까? 분명히 정당 다수의 동의라는 차이도 있다고 본다. 네 편이 몇 명이야? 유행어로 깐부가 몇 명인지도 국민은 예민하게 눈여겨본다. 편이 많으면 저절로 정당성이 높은 것처럼 여겨지는 측면이 있다. 민주주의는 원래 자기편이 많은 쪽이 이기는 것이다.

문재인 정부가 출범했을 때, 연정을 상상하는 사람은 거의 없었다. 돌이켜 생각해보면 연정의 조건은 상당히 성숙해 있었다. 대통령 선거에서 과반을 득표하지 못했고, 여소야대 국회였다. 의회에서의 다수자 연합이나 대선에서의 경쟁자를 포용하기 위한 연정이 가능했을 수 있었다. 실제로 국회에서는 민주당, 정의당, 평화당, 바른미래당의 연대가 자주 만들어졌다. 당시에 좀 더 적극적으로 정책연대와 정부 연합의 단계로까지 갔더라면 하는 상상을 해본다. 평화당, 정의당, 바른미래당에 장관직을 나눠줬더라면 어떻게 되었을까? 바른미래당이 다시 한국당으로 회귀해, 국민의힘이라는 전통적 수구 보수정당으로 재구성되지 않았을 수도 있다. 한국의 보수는 정통성이 부족하다. 그들이 주장하는 자유민주주의조차도 인정하지 않는 체제 부정적인 세력이 포진되어 있다. 쿠데타와 군사독재의 뿌리를 완전히 걷어내지 못했기 때문이다. 보수 내에서도 이런 역사를 단절하고 재탄생하고 싶은 세력이 있다. 그런데, 좌우 극단의 쟁투가 이들이 생존할 수 없는 토양을 만든다. 한쪽을 선택하지 않으면 기회주의 취급은 받는다. 이런 정치문화와 국민의 인식이 다당제를 형성하지 못하고. 야당은 적대적이어야만 존재 의미를 인정받는 적대적 공존을 만들어 낸 것이다.

되돌아가 20대 국회에서 패스트트랙 과정에서 만들어진 4당의 공조가 수구적 보수의 재구성과 진보와 개혁, 중도의 갈라짐으로 결론이 난 이유는 무엇일까? 선거법 탓이다. 연동형 비례제가 그들의 뜻대로 관철되었다면 정책연대는 가능했을 것이다. 더 나아가서 바른미래당조차도 독자 생존할 수 있는 선거법으로 개정되었더라면 지금과 다른 선택을 했을 수도 있다. 촛불혁명으로 생긴 정치적 혼란을 수습하고, 표의 등가성과 지역주의 완화를 명분으로 중대선거구제를 추진했으면 결과는 달라졌을 수 있다. 한국의 수구 냉전 세력이 완전히 쪼그라드는 모습을 보고 싶었다.

더 아쉬웠던 점은 정부 연합의 검토조차 없었다는 점이다. 진보는 제도개혁에 목을 매는 경향이 있는데, 알고 보면 정치는 진보이고 보수이고 간에 자리싸움이다. 장관 몇 자리 줬더라면, 선거법에 기분이 상했더라도 극단적 갈라짐은 없었을 것이다. 대통령이 행정가로서 국회에 입법을 제안하는 것과 국가원수로서 제안하는 것은 천양지차이다. 대통령이 국가원수로 더 높아지는 좋은 방법의 하나가 다른 세력의 지도자를 각료로 앉히는 것이다. 이재명 정부에서도 검토해 볼 아이디어라고 본다. 대통령은 중립적인 행정부의 수반이나 정당의 1호 당원으로 머물러서는 곤란하다. 큰 정치인이 되어야 한다. 김대중 대통령이 그것을 잘 보여주었다.

한국에서 연정은 정치판을 완전히 바꾸는 대단한 정치적 설계나 공학처럼 취급하는 경향이 있다. 유연하게 잘 써먹는 것이 중요하다. 이론이 중요한 것이 아니다. 우리는 독일의 대연정만 알고 있다. 독일의 실상은 사민당과 녹색당, 기민련과 기사련의 지역 차원의 연정, 사민당과 자민당의 연정, 기민련과 자민당의 연정처럼 다양한 정파들이 공동집권과 자신의 정책을 통과시키기 위해 연정이 이뤄졌다. 쉽게 말해서 꼭 가지고 있지 않아도 되는 자리 2~3개만 주면 된다. 김대중 대통령은 원조 보수인 자민련과도 연정하며 남북평화와 경제발전의 두 축에서 모두 성과를 이뤘다. 대통령제하에서 연정의 제안자는 결국 대통령일 수밖에 없다. 나눠주고 정권을 안정적으로 운영하자는 논리이다. 장기적으로는 한국 정치의 발전을 위해서 수구를 협소화시키고 다양한 정치 세력이 공존하는 다원주의로 가자는 의미이다. 국가 원수로서의 대통령은 그런 자리가 되어야 한다. 대통령이 가지고 있는 가장 큰 실제적 권한은 인사권이다. 인사권을 잘 활용하면 정치도 바꿀 수 있다.

독일에서 대연정이 가능했던 것은 2차대전의 패배를 딛고 빨리 선진국으로 가자는 목표 의식이 분명했고 극좌나 극우 정치 세력이 불법화되어 정책 수렴이 가능했기 때문이다. 한국도 비슷한 생각을 해야 한다. 진보와 보수가 함께 성찰적 시각으로 압축적 근대화와 그 것을 지탱해온 관료 사회를 섬세하게 살펴봐야 한다. 그래야만 진짜 선진국이 된다. 윤석열이나 최재형이 돌출적으로 튀어나온 것이 아니 다. 선출되지 않은 관료가 대의민주주의를 농락하고 정책결정권을 독 점한다. 진보와 보수로 나뉘어 싸우고 있지만 결국은 관료에 의한 대 의민주주의의 위기가 수십 년간 이뤄져 왔다. 이제 그들은 대놓고 법 치를 앞세워 권력을 탐한다. 대의명분에 근거하든 전략적이고 기능적 인 사고에 근거하든 연정이 이런 현상을 살피고 대응하는 데도 도움 이 될 것으로 본다. 연정의 크기와 성격에 얽매이지 말고 한 번은 해 봤으면 한다.

국민에게 사랑받는
지도자가 되었으면

대통령이 행복해야 국민도 행복하다. 구중궁궐의 외로운 절대권력자는 행복하지 않다. 역사 속 제왕이나 독재자들은 고독감을 잊기 위해서, 주색에 빠져 자신과 나라를 망치곤 했다. 민주주의 시대의 권력자는 달라야 한다. 리더십의 스타일이 스트롱맨이든 온화한 화합형이든 차이가 있을 수 없다. 모두 국민의 대표로서 선출된 군중 속의 1인이기 때문이다. 국민의 사랑을 받고 최종 1인의 위치에 올랐기에, 지속해서 애정을 갈구할 수밖에 없다. 때로는 측정되지 않은 민심이라는 명명으로, 때로는 수치로 계산되는 여론조사의 형태로 성적표를 받는다. 중장기 국가 비전이나 국정 목표를 달성하는 것도 중요하지만, 현재의 여론 관리에 늘 신경을 써야 한다. 국민이 뽑은 정치인이기 때문이다. 아마 정치 경험이 오랜 지도자이면 스스로 그렇게 길들어 있을 것이다. 지도자는 내가 행복한 일이 무엇인지를 깨닫고, 그 일을 국민이 보는 앞에서 하는 편이 좋다.

국민 앞에 자주 나서야 한다. 전두환이 《땡전뉴스》로 욕을 먹은 것은 원래 정통성이 없었던 데 있다. 한국인의 정서는 미운 정과 고운 정이 같이 생긴다. 자주 보면 웬만하면 풀리고 이해심이 생긴다. 대통령은 국민 앞에 나서는 것을 즐길 줄 알아야 한다.

잘 나서려면 '내가 국민이다'라는 태도가 요구된다. 루이 14세가 '짐이 국가이다'라고 했던 것을 절대왕정으로 비판하지만, 스스로 프랑스를 그토록 사랑했다는 의미이기도 하다. 홉스의 리바이어던처럼 대통령은 국민의 총합체라고 생각할 필요가 있다. 떳떳하고 행복하게 국민 속 1인의 자리를 즐겨야 한다. 이를 일심동체(一心同體)라고 한다.

과거 독재자들은 이런 상징조작을 많이 썼다. 히틀러는 노을이 내려앉는 브란덴부르크 광장에 10만의 군중을 모아놓고 위대한 게르만 민족주의를 선동했으며, 가깝게는 북한의 김일성도 불패의 독립운동가로 연출하면서 평양시민들 앞에 나타났다. 그럼 민주주의의 대표자들은 그냥 민주적으로만 통치했을까? 그렇지 않다. 노무현 대통령의 기타 치는 모습은 연출이다. 김대중 대통령의 파안대소와 유머는 준비된 것이다. 다만 평소 그 사람의 이미지의 연장선에서 연출한 것이다. 없던 것을 만들면 어색하지만, 있던 것을 극대화하면 시너지가 생긴다. 자신의 장점을 가지고 준비된 상태에서 국민 앞에 자주 나서는 대통령이 되었으면 한다. 문재인 대통령도 초기에 이런 연출된 장면이 많았다. 국민의 성원을 많이 받았지만, 기획하고 연출되었다는 것을 알릴 필요는 없었다고 본다.

일을 잘하는 것보다 일을 잘한다고 알려지는 것이 더 중요하다. 대의민주주의는 필연적으로 매스미디어 정치로 연결된다. 매스미디어의 나쁜 속성과 좋은 속성을 간파하고 적절한 홍보전략을 짜야 한다. '진실을 알린다'라는 1차원적 생각은 홍보 마인드가 아니다. 매스미디어가 진실만을 전달하는 것은 아니다. 매스미디어는 대중이 유혹될 만한 것을 중심으로 전달하려고 한다. 그러면 홍보는 매스미디어가 유혹될 만한 방법을 찾아야 한다.

매스미디어가 중우정(衆愚政)을 부채질한다고 비판하지만, 현실이 그렇다. '진실을 매력적으로 알린다'라고 생각하면 좋겠다. 그렇다고, 매스미디어의 요구만 따라다니면, 결국 마약쟁이처럼 자극적이고 선정적인 홍보로 흐른다. 주제는 알리고 싶은 것을 선택하되 방법에서 다양성과 재미를 가미할 줄 알아야 한다.

김대중 대통령은 30년의 세월 동안, 한반도의 평화와 인권, 민주주의라는 두세 개의 주제를 끊임없이 반복했다. 다만 같이 있는 사람을 바꾸고 장소를 바꿔서 반복의 지루함을 없앴다. 김영삼 대통령도 군정 종식을 평생 외친 지도자이다. 지도자는 매스미디어의 요구에 따라 반응하는 사람이 아니라 자신이 하고 싶은 주제를 말하는 사람이다. 지도자는 여러 가지를 말하지 않을 때 상징성이 생기고 이미지화된다.

이미지 메이킹에서 반드시 유의해야 할 부분은 평소 잘하는 것에서 찾아야 한다는 점이다. 어설픈 컨설턴트나 이미지 메이킹 전문가들이 요구하는 보편적으로 가장 좋은 이미지는 영화나 드라마 속 배우에게나 가능하다. 대통령은 이미 어떤 이미지의 형상화 속에서 선출되었고, 그것을 바꾸는 것은 불가능하다. 조금씩 수정될 뿐이다. 이재명에게는 강함과 유머라는 두 가지 코드가 보인다. 잘하는 것을 극대화해야 한다. 고뇌하는 지식인이기보다는 행동하는 액션 배우 같은 느낌이 살아 있다. 현장 속 정치인의 이미지이다. 말솜씨와 재치는 이미 검증되었다. 그러나 대통령의 자리는 기존의 좌충우돌식의 이미지 메이킹으로는 곤란하다. 물론 그렇게 할 수도 없다. 시스템에 갇혀 버리기 때문이다. 기준과 한계를 정해야 한다. 그래프를 그려서 즉흥성과 연출의 분배를 정하고, 한 편으로는 유머와 여유로움의 강도를 정해야 한다. 우리에게 알려진 수많은 명언과 명장면은 대부분 연출된 것이다. 마술처럼 연출되었지만, 대중은 그것을 모르게 해야 한다. 배우는 사랑받기 위해서 연기하고 분장한다. 대통령이 국민의 연인이 되었으면 한다. 스트롱맨으로 책임감 있는 모습이든 국민의 아픔을 어루만져주는 휴머니스트의 모습이든 대통령은 국가 원수로서 약간은 국민의 위에 있다고 느끼게 하여야 한다.

　　마지막으로 참모들을 잘 써야 한다. 참모는 국민의 대표로 선출된 사람이 아니다. 대변인은 자기 입이 없고, 홍보수석은 자기 얼굴이 없으며, 의전비서관은 자신의 몸이 드러나지 않아야 한다. 모두가 대통령 1인을 위해서 존재하는 사람이어야 한다. 참모는 악역이고 대통령이 주인공이다. 문재인 정부에서 참모들에 대한 비판이 유독 많았다. 부동산으로 국민의 속을 태우기도 하고, 국회에서의 태도도 지적을 받았다. 무엇보다 윤석열 총장과 그를 추천한 참모는 문재인 정부가 위기에 처하도록 만드는 잘못을 저질렀다. 최근 윤석열 총장을 추천한 참모가 누구인지 추측이 분분하다. 아마 추천 과정에 대한 진실은 윤석열 총장이 완전히 고꾸라지고 나서야 밝혀질 것으로 보인다. 그러나 윤석열 총장이 국정감사 중에 대통령의 언질을 전달받았다고 한 사람은 분명히 가까운 거리에서 대통령을 모시던 사람이다. 책임을 졌어야 했다. 말과 의견을 내세우면서 대통령을 대신해서 책임지지 않는 참모가 가장 최악이다. 전반적으로 문재인 정부의 참모들이 과거 김대중 정부나 노무현 정부와 비교하여 충성심과 책임감이 부족했다. 대통령을 위해서 존재해야 할 사람들이 자신의 안위와 미래를 더 소중히 여기면 대통령이 힘들어진다. 추천받고 평이 좋은 사람이 아니라, 대통령을 행복하게 해줄 생각만을 가지고 있는 진실한 참모를 써야 한다.

민주 선진국이면서, 안전하고, 복지가 잘 되고, 전국이 고르게 잘사는 나라

한국은 완전한 민주주의 국가(full democracy)이다. 과거 박근혜 정부 시절인 2014년에 결함이 있는 민주국가(flawed democracy)로 떨어졌지만, 다시 완전한 민주주의 국가로 복귀했다. 영국의 저명한 시사지인 《이코노미스트》에서 2021년 2월에 발표한 순위는 23위다.

　민주주의를 평가하는 기준은 민주적 절차, 즉 자유로운 선거를 통해서 정권 교체가 일어나고 있는가가 가장 먼저 고려되고, 언론의 자유와 반대의 자유 등이 척도가 된다. 박근혜 정부 시절에 결함 있는 민주국가로 떨어진 이유는 국정원 댓글 사건과 세월호 사건처럼 정부의 대응이 비민주적이고 권위적이었다는 데 있었다.

　일부 진보 학계에서 주장하는 사회경제적 민주화를 더 높은 수준의 민주주의로 규정하는 것에는 동의하기 어렵다. 민주주의의 고유한 의미가 절차에 기반하고 있는데, 사회경제적 민주화는 진보라는 특정한 이념과 맥락을 같이 하기 때문이다. 다만, 평등주의적 가치 지향 아래에서 다수의 안녕과 복지를 위한 행진이 진보정권이 목표가 되어야 함은 당연하다. 다수 학자가 동의하는 민주주의의 공고화의 개념으로 볼 때는 지방분권을 통한 풀뿌리 민주주의의 확대가 남은 과제로 보인다.

제도로서 다수로 확대되는 과정이고, 권력이 분산되는 형태이기 때문이다. 권력은 분산되어야 안전하다. 2016년 겨울을 상기해보자. 당시 박근혜 정부는 식물상태가 되었다. 부패하고 무능한 대통령은 탄핵 절차를 기다렸고, 분노한 국민은 거리로 쏟아져 나와 촛불을 들었다. 그러나 100만의 인파가 몰린 광화문 어디에도 폭력이나 혼란은 없었다. 서울시장은 간이화장실을 설치하고 질서 요원을 배치해 시민들 편의를 챙겼다. 전국 각지의 시장, 군수들이 역시 촛불을 들고 동참했지만, 행정기관이나 치안은 일체 흔들림 없이 안정을 유지했다. 중앙권력이 식물상태가 되어도 나라가 그대로 돌아가는 상황은 지금 수준의 지방자치라도 뿌리내렸기 때문에 가능했다.

사실 지방분권은 인류의 이상을 담고 있다. 권력을 분산하고, 경제적 부를 나누면 극단적 싸움이 줄어든다. 제로섬게임(zero-sum game)을, 난제로섬게임(non zero-sum game)으로 바꾸는 방식이 분권이다. 국가 단위에서는 일면식도 없는 남이지만, 분권화되면서 단위가 줄어들면 모두 가족이 되고, 공동체가 된다. 국가를 넘어 무한경쟁의 발전론을 넘어서 인간이 인간답게 어울려 잘사는 이상향이 분권에 담겨 있다. 그런 연유로 문재인 정부에 이어서 다음 정부도 지방분권을 국정 목표로 삼기를 바란다.

최근 정부는 한국이 선진국에 진입했다고 발표했다. 유엔(UN) 산하 유엔무역개발회의(UNCTAD)는 2021년 7월 대한민국을 공식적으로 선진국으로 구분하기도 했다. 선진국은 일단 잘 산다는 의미이다. 경제적으로 부유하다는 뜻이다. 국민총생산(GDP)이 높고, 1인당 소득(GNI)도 높아야 한다. 그러나 이것만이 전부는 아니다. 사우디아라비아나 아랍에미리트(UAE) 같은 산유국들은 두 가지가 다 높지만, 선진국이라고 하지 않는다. 선진국은 경제면만이 아니라, 정치·사회·문화를 망라하여 종합적으로 판단, 비교적 발전하는 나라라고 정의할 수 있다. 그래서 최근에는 교육의 정도를 평가하는 인간개발지수(HDI)나 삶의 질을 평가하는 삶의질지수(PQLI)를 쓰기도 한다. 인권과 문화를 주장하는 학자도 있고, 시민의식을 꼽는 사람도 있다. 결론을 내리면, 국가와 개인이 모두 잘살고, 민주적 정치체제를 가지며, 교육·문화적으로 삶의 질이 높은 나라이다.

하여 민주주의와 선진국을 떼놓지 말고 붙여서 '민주 선진국' 시대를 열었으면 한다. 인도 같은 나라는 민주주의를 잘 실행하고 있지만, 선진국이 아니다. 중국은 강대국이지만, 선진국도 아니고 민주주의 국가도 아니다. 일본은 선진국으로 분류되지만, 민주주의 평가에서는 늘 조금씩 뒤처진다. 아마도 자민당의 오랜 집권과 정경유착, 관료제의 병폐 때문인 듯하다.

일본의 현재를 반면교사로 삼아야 한다. 동아시아에서 최초로 선진국이 된 일본이 경제 동물이라는 비아냥을 받았던 점이나, 국제사회에서 경제력만큼의 대접을 받지 못하는 이유가 있다. 선진국에 맞는 국격과 국제사회에서의 민주적 질서도 지켜져야 한다.

민주 선진국인데도 안전하지 않은 나라는 있다. 보통 안전한 나라의 기준은 재난과 범죄율로 평가한다. 재난 대응능력이야말로 선진국의 척도이다. 대다수 선진국은 재난 대비 시스템을 잘 갖추고 있다. 재난 대비 능력은 공공의 능력 문제이기도 하고 시민사회의 덕성과도 연관이 있다. 물론 지리학적인 자연재해나 테러에 대한 대비로 가면 다를 수 있다. 표현이 그렇지만 불가항력의 차원이 있을 수 있다.

세월호 사건이 터졌을 때, 국민은 공공의 역량 부족과 선장이나 해경 지휘부의 헌신성 결여 등을 동시에 지적했다. 정부의 대응 태도는 말할 것도 없다. 전형적인 후진국형 재난이었다. 막을 수 있었던 일을 일어나게 만든 인재라는 것이다. 그렇기에 정권이 바뀔 정도로 분노했다. 선진국의 재난 대비는 공공과 시민의 협력에 기반하고 있다. 우리 시민의식도 상당히 성숙했다. 공공의 업그레이드가 중요한 시점이다.

마지막으로, 기업이나 경제활동 과정에서 안전에 대한 투자를 빼놓을 수 없다. 중대재해기업처벌법의 제정 과정에서 보여준 경제계와 정부의 반응은 아직도 '죽도록 일하기'라는 후진국 의식에 머물러 있었다. 안전에 대한 투자를 소홀히 해 중대 재해를 일으킬 거면 기업을 하지 않는 것이 맞다. 기업가는 이윤을 위한 투자와 더불어 안전에 대해 투자할 자세를 가져야 한다. 부끄러운 현실이다. 다음 정부에서는 분명히 매듭을 지어야 한다.

범죄율로 국민의 안전을 평가하기도 하는데, 전반적으로 후진국에서 범죄율이 높다. 다만, 전통적으로 자유를 중시하거나 다민족 국가인 경우에는 선진국에서도 높은 편이다. 예를 들면 폭력 범죄 발생률 세계 1위가 미국이다. 프랑스나 영국 같은 전통적 선진국도 범죄율이 높은 편이다.

다음 정부가 치안 문제에서 크게 걱정할 필요는 없을 것 같다. 단하나, 자치경찰과 검경 수사권 조정에는 관심을 기울여야 한다. 행여 문재인 정부에서 추진한 두 가지 정책이 국민의 신뢰를 상실한다면 또다시 검찰 공화국으로 회귀를 부추기는 세력이 준동할 수 있다. 경찰이 중대범죄에 대한 수사 실력을 배양하는 것이 급선무라고 본다.

복지 선진국이라는 말이 있다. 그만큼 복지가 선진국을 가늠하는 척도라는 것이다. 한국이 선진국 문턱에 진입했는데도 복지는 그만큼 따라잡지 못하고 있으며, 복지에 적대적인 세력의 저항에 부닥쳐 있다. 복지 선진국의 역사를 보면, 극우파들의 비난처럼 진보적 정권에서만 발전한 것은 아니다. 일본이나 싱가포르처럼 국가주의의 입장에서 복지가 발전하기도 한다. 이른바 국가 조합주의이다. 복지를 위한 투쟁이나 민주적 절차를 거치지 않고, 국가가 시혜적 입장에서 복지를 제공한 것이다. 히틀러 정권 초기에도 그랬다.

자유주의적 입장의 복지도 서유럽을 중심으로 자리를 잡았다. 복지는 국가가 사회계약으로 국민을 책임지는 제도이면서 노동자들의 계급투쟁을 약화하는 도구이기도 했다. 유명한 베버리지 보고서가 여기에 해당한다. 북유럽 사회민주주의적 복지가 가장 성공작이다. 조세를 통한 국가의 포괄적 복지를 완성했다. 이른바 사회안전망으로서의 복지이다.

한국의 복지는 갈림길에 서 있다. 사회안전망은 미흡한데, 다양한 복지 아이디어가 속출하고 있는 형국이다. 위험할 수 있다. 국가와 지방정부의 굵직한 뼈대 위에서 자리 잡아야 할 복지가 작은 단위의 아이디어 상품처럼 취급되고 있다. 사회안전망으로서의 복지는 포괄적으로 계속 커져야 한다.

20세기 말에 등장한 '일하기 위한 복지'는 시대에 발맞춰 통폐합되고 정리되어야 할 대상이다. 기본소득과 같은 현금성 복지제도를 향한 도전도 필요하다. 쉽게 말해서 부모님은 명절 선물보다 상품권과 현금을 선호한다. 잘게 쪼개진 복지보다 큰 덩어리로 주면 쓸모도 있다. 복지 전달체계의 미숙함과 통로에 낭비되는 예산을 줄이는 효과도 있다.

기본소득이 소득주도성장처럼 경제 활성화에 크게 도움 될 거라는 주장에는 의문을 품고 있다. 한국경제가 내수나 자영업에 기반하여 성장한 것이 아니기 때문이다. 기본소득을 추진하려면, 잡다한 지원금 형식의 복지 예산은 통폐합해야 한다. 아직 완전히 개념이 잡히지 않은 정책이기에 논쟁의 여지가 있으나 포괄적으로 합치고 키우는 것은 기본방향으로 잡아야 한다.

전국이 고르게 잘사는 나라는 헌법상 평등권과 사회권이 초석이다. 균형 발전의 논리이기도 하다. 서유럽 선진국을 여행해보면 대도시의 규모나 화려함이 서울보다 처진다고 느껴진다. 중산층 소비 능력도 한국보다 못하다. 세금을 많이 내기 때문이다. 의료, 교육, 복지 혜택은 단기간 여행으로 파악할 수 없기에 외형만 보고는 한국보다 우월하다고 판단하기 어렵다.

그러다가 시골을 여행해보면 확 달라진다. 시골이 잘 산다. 트랙터와 넓은 농장이나 포도밭은 부의 상징처럼 보인다. 여유가 넘치고 생기가 돈다. 서유럽 선진국들은 대부분 농산어촌에 많은 보조금을 지원한다. FTA 이전에는 다양한 방법으로 가격을 보존해주는 보호 정책을 쓰기도 했다.

서유럽 농산어촌이 잘사는 이유는 정부의 정확한 지원 덕분이다. 산업화와 도시화의 과정이 농산어촌 수탈사였기에 이제는 보상해 주어야 한다는 기본 마인드를 지니고 있다. 더불어 공공 영역에서 시골에 최소한의 생활 보장을 해주어야 한다. 주거, 정보, 교육, 문화, 복지, 의료 등의 기본권이 보장되어야 한다. 다음 정부가 기준을 정했으면 한다. 이런 기준들은 모아서 기본시리즈로 만들어 국민의 삶 전체로 확대했으면 한다.

혁신국가

"마차를 아무리 연결해도 기차가 되지 않는다"라는 슘페터의 명언은 혁신만이 새로운 시대를 열 수 있음을 단적으로 표현한다. 촛불혁명의 열망을 기반으로 출범한 문재인 정부가 완전히 다른 세상을 열었다고 볼 수는 없다. 적폐 청산, 국가의 정상화, 그리고 코로나라는 전대미문의 위기를 극복한 것만으로도 청사에 빛나겠지만, 아쉬운 점이 분명히 있다. 새로운 시대를 열었다거나, 한 역사를 매듭지었다는 평가를 받기는 어려울 것 같다. 그러나 그 정도만으로도 충분하지 않을까. 뒤틀린 것을 바로 잡기가 새로운 것을 만드는 일보다 더 어렵다.

뒤틀리지 않은 정상적인 정권을 물려받는다면 다음 정부에서 혁신국가를 만들었으면 한다. 원래 대통령이라는 자리가 혁신가의 위치이다. 보통 대통령으로 선출된 황제라고 한다. 그만큼 권한이 크다는 뜻이다. 민주공화국을 지탱하는 두 개의 대의 체계에서 국회가 안정과 통합, 심의를 담당한다면, 대통령을 위시한 행정부는 강력한 집행을 통한 역사적 진보를 이끌도록 설계돼있다. 대통령이 혁신가여야 하는 이유다.

역대 선거에서 진보, 보수를 막론하고 당선자는 혁신을 내걸었다. 군사 쿠데타를 일으키고 민정으로 이양한 선거에서 박정희도 국민에게는 혁신가로 비쳤을 것이다. 72년에 등장한 유신독재 체제의 슬로건도 한국식 민주주의라는 혁신의 가면을 썼다. 김대중, 노무현 대통령은 말할 필요도 없는 혁신가였다.

대통령은 혁신을 주도해야 한다. 대통령의 기원인 로마의 집정관이나 독재관이 상징하는 바도 민중적 혁신이었다. 마지막 독재관이었던 카이사르도 혁신의 아이콘이었다. 유럽의 경계를 새롭게 세웠고, 달력과 법을 만들고, 팍스 로마를 구축했다.

앞에서 마차와 기차는 성질이 완전히 변한 생산양식을 상징한다. 말은 봉건제의 농업생산이며 기차는 자본주의적 산업 체제이다. 이렇게 혁신은 성질이 완전히 바뀌어야 한다. 박정희 독재 시절에 농업국가에서 산업국가로 바뀐 것이나, 김대중 대통령이 IT 강국의 씨앗을 뿌린 것이 혁신이다. 노무현 대통령은 권위주의 청산이라는 정치혁신의 아이콘이다.

먼저 정치 영역에서 볼 때, '창조적 파괴'라는 슘페터의 주장은 정치제도의 혁신이나 세력 교체와 부합한다. 노무현 대통령은 지역주의와 금권정치를 창조적으로 파괴했다. 동교동으로 상징되던 3김 정치가 완전히 사라졌고, 보수정당에서조차 개혁파가 싹트게 해주었다. 그러나 문재인 대통령은 정치적으로 혁신가라기보다 노무현의 계승자를 자처했다. 노무현 대통령 시절 겪었던 혁신 시대의 혼란을 되풀이하기 싫었던 듯하다. 박근혜 정부가 망쳐버린 국정의 난맥상을 치유하는 게 우선 임무라고 생각했을 것이다. 노무현 시대의 정치구조와 매뉴얼이 돌아왔다.

그러나 다음 정부부터는 노무현 시대를 창조적으로 파괴해야 할 시기가 여물었다고 본다. 진보도 오래 머무르면 보수화된다. 일부이지만, 민주화와 노무현 대통령이 뿌린 정치의 씨앗들이 보이는 행태를 보면 그렇게 생각하지 않을 수 없다.

다음 정부는 다시 노무현 시대처럼 정치혁신의 격랑이 몰아칠 것이다. 다음 대통령은 그 파도에 올라타야 한다. 온정과 180석의 안정론에 빠지지 말고, 앞으로 최소 10년은 이어질 새로운 정치 세력을 만들어야 한다. 한 번 만들면 차차기까지는 유지될 것으로 본다.

계승자보다는 창업자의 자세가 요구된다. 창조적 파괴를 두려워 말아야 한다. 노무현이 동교동계를 밀어냈던 과거를 회고하고 486과 탄돌이들을 주류로 만들어낸 열린우리당의 창업정신을 가슴 속에 품고 있어야 한다. 이른바 세력 교체의 꿈이다. 엘리트 친노, 귀족 운동권이 아니라, 서민과 함께 현장에서 성과를 낸 경험이 있는 신진들을 양성해야 한다. 이재명다운 사람들이 필요하다.

경제에서의 혁신은 기존과 다른 기술, 신성장 산업, 기존에 없던 시장의 개척을 의미한다. 최근에 정부가 중점적으로 제안한 바이오나 수소 산업이 신성장 산업이다. 정부는 이런 신성장 산업에 지원이나 규제 완화를 하겠다고 한다. 그러나 신성장 산업에 정부가 직접 뛰어들겠다고 표명한 적은 없다. 아마도 새로운 공기업을 만든다는 생각 자체를 금기로 여기는 듯하다.

압축적 근대화와 중공업화 시절에는 수많은 공기업이 만들어졌고 훌륭한 성과를 냈다. 그러나 80년대 후반부터 신자유주의가 30여 년을 휘몰아치면서 공기업의 민영화만 논의되었지, 추가로 공기업을 만든다는 말은 꺼내기도 어려웠다. 이것 역시도 도그마이다. 혁신은 도그마를 깨는 것이다. 민간이 충분히 할 수 있는 영역이면 공공이 개입할 필요가 없지만, 위험성으로 민간의 투자가 지지부진한 상황이면 공공이 과감히 나설 필요가 있다. 시장 개입의 문제도 마찬가지이다. 흑묘백묘의 자세로 접근해야 한다. 자본주의가 이윤을 남기고, 정부는 세금과 복지로 분배를 실현한다는 원칙만 지킨다면 개입과 불간섭은 실용적으로 접근해야 한다. 가스공사에서 자회사로 가칭 '한국수소산업'을 만들 수도 있다. 이 회사는 성장하면 민영화할 여지도 있다. 한국통신이 SK텔레콤과 KT의 뿌리가 되었듯이 말이다.

플랫폼 사업처럼 독점화돼 국민과 중소기업에 손해를 끼치는 영역에도 규제와 더불어 공기업을 만들어 개입해도 된다. 이재명 경기도지사가 배달 플랫폼 업체의 폭리를 경고하면서 공공 배달 앱을 만들겠다고 했던 것도 비슷한 맥락이다.

플랫폼 사업은 대단한 신기술을 토대로 하지 않는다. 회원 수에 의한 독점적 지위를 가지고 있을 뿐이다. 독점은 분명히 시장 교란 행위이다. 이런 경우에는 공공이 개입할 명분이 생긴다. 아예 광역시도 지방정부로서 축적된 풍부한 정보에 기반해 무료나 저가의 플랫폼 공기업을 만드는 것도 검토해 볼 만하다.

반대로 시대적 소명을 다한 공기업은 과감하게 퇴출해야 한다. 각종 인허가와 규제로 연명하는 공기업이 부지기수다. 정부가 규제 완화를 수없이 부르짖지만, 잘되지 않는 이유는 그것이 공공의 밥줄이기 때문이다. 정부의 역할 중 하나가 규제라지만, 한국처럼 과잉규제와 다양한 규제기관이 병존하는 건 비효율적이다. 수요, 공급의 원칙에 따라 공기업을 새로 만들기도 하고 없애기도 해야 한다.

과거를 혁신해서 재활용하는 방법도 구상해볼 만하다. 철강, 선박, 기계, 섬유, 패션 등의 전통적 제조업을 버릴 수는 없다. 특히 한국의 중소기업은 상당히 강하고 많은 일자리 창출을 담당한다. 문제는 중소기업이 3D 업종으로 인식되어 청년들이 가지를 않는다는 데 있다. 아직 손에 잡히지 않는 4차 산업혁명에만 몰두할 것이 아니라, 당장 일자리를 만들 수 있는 전통적 제조업을 스마트화해야 한다. 기계에 로봇 시스템 장착하고, 센서를 다는 작업부터 시작하면 비교적 쉽게 접근할 수 있다. 작업환경도 개선하고, 산업공단의 경우 여가문화를 즐길 수 있도록 규제를 완화해줘야 한다.

근본적으로는 노동자가 대우받는 사회적 풍토를 만들어야 한다. 월 200만 원의 자기 인건비도 집에 가져가지 못하는 편의점 사장은 사장님이고, 작업복 입은 노동자는 공돌이로 천대받는 인식부터 개선해야 한다. 전면적인 스마트 팩토리 지원책이 나와야 한다. 중소기업을 살리는 길이고, 외국인 노동자들의 몫이 된 3D 업종을 양질의 일자리로 바꾸는 작업이다.

넘쳐나는 자영업자에게는 비상구를 열어줘야 한다. 질서 있는 자영업 구조조정이다. 자영업을 그만두는 사람에게 생활비 보조, 재취업 교육, 또는 일자리를 주선해주는 대책을 만들었으면 한다. 영세자영업자들 생계 문제는 언제 터질지 모르는 시한폭탄이다. 자영업의 정상화는 경쟁력 제고와 더불어 구조조정을 반드시 병행해야 한다.

동대문 시장이 세계 최대의 패션 시장이라고 하면 믿지 않는 사람이 많다. 패션을 논할 때는 밀라노나 파리가 떠오르지만, 시장 규모로는 그곳들보다 동대문이 최대인 것이 사실이다. 정확하지는 않지만, 점주와 고용된 노동자를 합치면 현대자동차보다 많고, 매출액도 30조를 넘는 것으로 알려졌다.

상황이 이런데도 지난 서울시장 선거에서 어떤 후보도 동대문과 관련된 서울의 산업정책을 발표한 적이 없다. 대도시 특성상 경제정책은 주로 금융, 유통·물류, 그리고 문화관광 사업에 치우친다. 그러나 대도시에도 고소득 전문직이 아닌, 중위의 일자리가 있어야 한다. 대도시에도 가능한 손쉬운 제조업이 패션산업이다. 시장과 가까워 문화관광과 연계도 쉽다. 한류, 컨벤션 산업, 외식산업과 전·후방 연계도 가능하다. 융복합할 일들은 무궁무진하다. 청년 일자리와 창업을 기회도 생길 것이다.

뜬금없이 동대문을 호명한 것은 혁신이 우아하고 첨단 지향적인

데만 있지 않다는 점을 강조하고 싶어서다. 혁신은 영역이라기보다 방법에 가깝다. 기존 시선을 바꾸면 수많은 혁신이 보인다. 이재명 정부는 혁신적인 경제산업 정책을 만들었으면 한다.

김대중 정부는 정보화 산업으로 한국이 선진국으로 가는 씨앗을 뿌렸고, 노무현 정부는 신자유주의의 광풍 속에서도 금융자본주의의 유혹을 뿌리치고 산업자본주의를 지켜냈다. 덕분에 리먼 사태를 비켜 갈 수 있었다. 지지층 반대를 무릅쓰고 FTA를 체결해서 시장을 넓힌 것도 노무현 정부의 공이다.

문재인 정부는 코로나를 이겨내고 선진국 대열에 합류했다. 다음 정부는 신성장 산업을 주류 산업으로 안착하고, 산업구조를 혁신하고 고용시장을 재편할 임무를 맡게 될 것이다. 오랜 경험과 숙련된 관료들이 할 수 있는 일이다. 그러나 관료들에게 맡긴다면 그 나물에 그 밥이 되고 만다. 신성장 산업의 콩고물은 재벌 입으로 다 들어갈 터이고 다수 자영업자가 도시 영세민으로 전락해 고용시장은 양극화될 것이다. 그런데도 거시경제 지표는 고점을 찍을 것이고, 대통령은 경제가 좋아지고 있다는 메시지를 발표할 것이다. 관료들에게 포위된 경제정책의 반복이다.

소득주도성장은 과정으로서는 비현실적이지만, 목표로서는 훌륭했다고 본다. 세계 10위권 규모의 외세의존형 경제에서 소득으로 내수를 돌아가게 한다면 난센스이다. 그러나 개인의 소득을 올려주는 것이 목표라면 이보다 좋은 정부 정책이 없다. 경제의 3주체 중 기업과 정부는 가계를 위해서 일해야 한다. 이것이 사회나 국가의 이상이다. 가계는 경제라는 설국열차의 부품이 아니라, 목표가 되어야 한다. 인간의 얼굴을 한 자본주의는 인간을 위해서 이윤을 창출하는 것이다. 경제 메커니즘만을 강조하는 것은 기업의 생리이고, 정부 경제정책의 최종 목표는 국민을 배 불리는 것임을 잊지 말아야 한다.

마지막으로 경제영토의 확장도 혁신으로 볼 수 있다. 문재인 정부에서 추진하고자 했던 신남방정책을 계승할 것을 제안한다. 미·중 갈등이 갈수록 고조될 것은 불 보듯 뻔하다. 패권 경쟁은 강대국의 자연스러운 현상이다.

한국은 동북아의 평화와 경제 문제에서 곤혹스러운 상황에 빠질 수밖에 없다. 미국 의존형 외교 안보와 중국 의존형 대외무역의 충돌이다. 북한과의 평화 체제를 진전시키려면 미국과의 외교 안보를 버릴 수가 없다. 이건 보수세력의 정신적 종묘사직이기에 국내 정치에서도 건드릴 수 없는 영역이다. 그러면 어쩔 수 없이 중국으로부터의 경제적 이탈을 준비해야 한다. 신남방정책은 이런 방향을 담고 있다. 동남아에서 발전 가능성이 큰 반(反)중국 성향의 국가로 중국에 있던 생산 기지를 옮기고, 궁극적으로는 인도와 같은 큰 시장으로 본거지를 옮기는 것이다.

위험이 꼬리표처럼 붙을 것이다. 첫째, 중국이 미국의 해안 봉쇄 전략에 동조하는 것으로 인식할 것이다. 중국이 추진하는 일대일로 전략에서 해로를 막는 역할로 비칠 수 있는 탓이다. 중국의 산업적 압력이 거셀 것이다. 둘째는 일본과의 관계 설정이다. 일본은 동남아시아에 진출한 역사가 오래되었다. 미국의 희망처럼 일본과 협력할지 반대로 서로 경쟁할지 판단해야 한다. 최근 일본과의 갈등이 한국에게는 기회로 작동한 적이 있다. 소품, 부품, 장비 산업에서의 오랜 종속을 탈피한 일이다. 동남아에서도 선점한 일본과의 갈등은 불가피해 보인다. 그러나 장기적으로 지역연합이나 블록경제를 통해서 인접 시장을 넓히려면 갈등 관계만을 유지할 수는 없다. 국제관계는 영원한 적도 영원한 동지도 없는 현실주의이다.

혁신국가는 근대화 시기의 발전국가처럼 국가의 능동성과 창조성을 강조한다. 그러나 발전국가처럼 경제 지상주의나 규모의 성장만을 추구하지는 않는다. 사람을 중심에 두고 가치의 혁신을 생각하는 포용적 혁신국가가 되어야 한다. 목표는 집단이 아닌 개인이다. 선진 민주주의 국가가 갖춰야 할 첫째 덕목이 개인의 자유와 행복이라는 점을 잊지 말고 혁신의 방향도 그렇게 가야 한다.

대한민국의 국가 브랜드를
높이자

정부의 성격을 상징하는 수식어를 쓴 적이 있다. 김영삼 정부는 문민
정부, 김대중 정부는 국민의 정부, 노무현 정부는 참여정부라고 스스
로 불렀다. 문민정부는 군사 정권을 끝냈다는 의미를 부각한 것이다.
실제로 하나회 척결 등으로 군사 쿠데타의 위험을 완전히 제거한 공
이 있다. 김대중 정부는 평화적 정권 교체의 의미를 담았으며, 국정 목
표로 '시장경제와 민주주의의 병행발전'을 세워 자유주의적 경제체제
를 지향하고 있음을 밝혔다. 노무현 정부는 권위주의 해체나 국가균
형발전 정도가 정권의 성격에 조응하는 브랜드로 기억에 남는다. 역
대로 정권은 자신의 정권을 브랜드화하고자 애썼다. 하지만 국가를
브랜드화할 생각까지는 하지 못했다. 아마 5년 단임제 대통령제이다
보니 긴 호흡으로 국가의 위상을 높일 여유를 가지지 못한 것 같다.

기업인 출신인 이명박 대통령은 국가브랜드위원회를 대통령 직속으로 만들어 대내외적으로 국가 위상과 품격을 높이고 국가 브랜드 가치를 높이려고 한 적이 있다. 이명박 대통령의 브랜드는 전형적인 경제적 접근으로 이미지를 포함한 총체적 개념은 아니었다. 쉽게 말하면 외국에서 느끼는 'Made in Korea'의 브랜드 가격이다. 이런 식의 브랜드는 국가 이미지가 기업이나 민간 활동에 도움을 준다는 측면에서 시작되었다.

최근 《US뉴스》라는 매체에서 발표한 국가 브랜드 순위를 보면 캐나다가 1위이고 일본이 2위, 한국은 16위에 랭크되어 있다. 아마도 해당 국가의 삶의 질에 대한 이미지와 상품 신뢰도 등이 뒤섞인 듯하다.

국가 브랜드는 상업적 측면을 넘어서야 한다. 국가의 비전을 토대로 긍정적인 이미지가 만들어져야 한다. 가령 미국의 이미지와 브랜드는 무엇일까? 개척자의 나라, 기회의 땅, 세계 유일 강대국 등이 떠오른다. 일부 국가들은 국가 비전을 정하기도 한다. 핀란드는 '세계에서 가장 성공한 국가 중 하나'라고 하고, 대만은 'Green Silicon Island'를 내세우고 있다. 중국은 최근 '샤오캉(小康) 사회' 건설을 국가 비전으로 정했다.

현시점에서 한국의 국가 비전은 무엇일까? 문재인 정부는 '국민의 나라, 정의로운 대한민국'을 내세웠다. 국내 정치용으로는 쓸만하지만, 대외용으로는 재미가 떨어진다. 국민의 나라와 정의는 모든 민주공화국이 당연히 추구해야 할 가치일 뿐이다. 그러면 외국인들에게 한국은 어떤 나라일까? 최근에는 한류, 한식의 나라, 동아시아의 새로운 선진국 정도로 인식된다고 한다. 참고로 일본은 외국인들에게 전자제품과 자동차를 잘 만드는 아시아의 경제 대국으로 입력돼 있다고 한다.

국가 비전이나 브랜드가 하나일 이유는 없지만, 의도적으로 형상화하는 작업은 필요하다. 문화적으로 '한류의 나라'는 우호적인 브랜드이다. 경제적인 이미지 브랜드도 필요하고, 외교나 정치적인 브랜드도 필요하다. 아마 부정적으로 유일한 분단국가, 아직도 냉전 상태에 있는 지역으로 인식하는 외국인도 있을 것이다.

선진국에 진입했다고 하니 더욱더 국가 브랜드가 필요하다. 인류의 보편성과 한국의 특수성이 조화로운 국가의 비전과 브랜드화가 필요한 시점이다. 최초로 선진국으로 진입한 후의 대통령이기에 이런 즐거운 고민도 하는 것이 아니겠나.

관료제 혁신

재난지원금이 전 국민이 아닌, 88%로 결정하도록 한 장본인이 기재부 장관으로 인식돼 있다. 88%는 임의 기준이다. 이건 절대자로서의 행태로 왜 88%인지 이유는 생략할 수 있다. 민주당이 당론으로 정한 중대재해기업처벌법이 누더기가 되는 과정에도 기재부나 중기부의 입김이 작용했다. 중대재해기업처벌법은 위험의 외주화와 사회적 약자를 보호하는 법으로 민주당의 정체성에 해당하는 정책이다. 재계의 로비와 관료의 절충주의에 따라 대의제와 정당이 무력화된 셈이다.

한국 관료들은 동서양이 접목된 독특한 의식 구조를 가진다. 서양에서는 관료의 역사가 전부 귀족이라고 보기 어렵다. 귀족과 귀족을 보좌하는 계급이 같이 관료로서 존재해 왔다. 부르주아라고 부르는 집단은 귀족이 아닌 중간계급으로 전문가 집단이었다. 같은 동양이지만, 봉건제 질서를 가졌던 일본도 서양과 유사하게 중간계급의 관료가 많았다. 반면, 중국의 영향이 컸던 한국의 관료는 과거제를 통과한 정통 귀족이 대다수였다. 과거제 자체가 양반 귀족만을 대상으로 했기에, 중인이나 전문가가 관료가 되는 경우는 소수에 불과했다. 유교적 귀족주의가 현대 관료 사회에 완전히 사라졌다고 볼 수 없다.

한국의 관료제는 민주주의와 자유주의를 근간으로 하는 근대국가의 산물이다. 관료제는 대의민주주의의 근간이며 책임정치의 수단이다. 일상적으로 주권자가 정책을 결정하고 집행할 수 없을뿐더러, 자기 생업에 바빠서 전문성을 가지기도 어렵기 때문이다.

관료는 법으로 보장된 직업으로서의 전문직이다. 한국의 관료제는 압축적 근대화 과정에서 지대한 공헌자였음은 주지의 사실이다. 근간에는 엘리트주의에 근거한 책임 의식도 존재했다고 본다. 그러나 우리가 관료주의라고 비판할 땐 이런 역사성은 허물어지고 그 자리에 비능률, 복지부동, 무사안일, 폐쇄성 등 수많은 부정적 인식들로 대체된다. 직업으로서 안정성과 주권자가 양도해 준 정책결정권이 주는 특권에 안주하면서 생긴 현상이다.

관료는 국가의 중요한 정책결정권자이지만, 한편으로는 국민의 종복으로 서비스직이다. 지금 당장 국가 관료제의 안정성을 흔들어서 민간 기업 같은 완전경쟁의 약육강식으로 내몰 수는 없다. 특히 대국민 서비스직에 해당하는 사회·문화·복지 분야는 지금보다도 더한 안정성이 요구된다.

그러나 정책을 결정하는 자리의 고위공직자는 다르다. 폐쇄성과 현장감의 부족이 심각하다. 재난지원금 지급 과정에서 그 민낯이 여실히 드러났다. 서류와 통계에만 의존하는 정책 결정 집단은 쌍방향 소통사회에서 경쟁력이 없다. 고위 관료 수십 명이 서류를 만드는 일에만 매달리고, 정책이 결정 나면, 한두 명의 하급 직원이 지방정부 공무원과 공기업에 지시하는 행태가 반복된다. 서비스직과 현장 중심으로 재편되고 정책결정권자는 현장에서 가까운 곳에 있어야 한다.

근대화를 넘어 선진국 대열에 진입하면서 관료제의 안정성에 회의가 증폭하고, 개방성과 역동성을 높이자는 의견이 많다. 동의한다. 하지만, 국가의 역할이 세계화 시대에도 건재한 이상, 관료제를 쉽게 허물 수도 없다. 부분적 개보수가 현실적 정답일 수밖에 없다.

'관료는 서류로 말한다.'라는 표현처럼 서류상의 매뉴얼은 관료사회의 상징이 되었다. 새로운 정부는 늘 정부혁신과 새로운 매뉴얼을 요구해왔다. 그러나 절대다수의 관료가 대학교육을 받은 엘리트로 구성된 시대에도 매뉴얼이라는 예측 문서에 따라서 종속적으로 움직이는 것이 합리적인지 의심해 봐야 한다.

매뉴얼의 나라 일본에서 후쿠시마 원전이 터졌을 때, 매뉴얼을 찾다가 초동 대응이 늦었다고 한다. 이른바 '매뉴얼의 함정'이다. 매뉴얼은 일이 발생한 이후에 다음에 발생할 똑같은 사안에 대비하는 효과는 있을지언정, 새로운 일이 발생하면 창조적 대응을 어렵게 한다. 관료들이 흔히 말하는 "전례가 없다"가 나오는 상황이다.

매뉴얼은 구체화하고 섬세해지면 방대한 분량이 되어버린다. 양이 많아지니 시간을 다투는 실제상황에 무용지물이 된다. 과도한 매뉴얼이 인간의 창의성을 짓밟기도 하고 인간이 매뉴얼 속으로 도피하는 경향을 낳기도 한다.

매뉴얼을 줄여나가야 한다. 집단지성과 창조성을 믿어야 한다. 매뉴얼에 없는 일을 하더라도 동기와 과정의 정당성이 있으면 인정해주어야 한다. 원래 유토피아는 법이 없는 세상이다.

관료들이 흔히 쓰는 '법이 없어서 못 한다'라는 말도 관료주의의 산물이다. '법에 어긋나지 않으면 해도 된다'라고 창조적으로 판단하면 된다. 새로운 현상이 생기고 보편화되어야 법이 제정되기에, 법이란 늘 뒤에 따라올 수밖에 없다. 법이 생길 때까지 기다릴 수는 없는 급변하는 사회가 아니던가.

특히 고위 관료들에게 아쉬운 점 중 하나가 정치적 판단력 결핍이다. 예를 들면 국감에서 민심과 괴리된 답변을 하는 장면이다. 통계청장이 경제지표를 발표하면서 방법을 바꿔서 비판받는 것도 마찬가지이다. 간단히 표현해서 눈치가 없다고 볼 수 있지만, 차관급까지 오른 관료는 정치적 판단 능력이 있어야 한다.

정치적 판단이 없다는 건 국민 여론에 관심이 부족하다는 의미이다. 국민 여론은 민주주의이다. 민주주의와 무관한 전문직으로 자신을 자리매김했다면 고위직에 걸맞지 않다. 고위 관료는 정치를 할 줄 알아야 한다. 특정 정파에 줄을 서라는 말이 아니라 국민 여론이라는 민주주의에 귀를 기울이라는 뜻이다.

관료들의 무사안일과 복지부동을 비판할 때 '행정부답다'라는 말을 한다. 진짜 행정만 한다. 3권분립에서 행정부는 국정을 집행하는 곳이다. 영어로 'The Executive Branch'는 경영, 운영에 가깝다. '행정'이라고만 하면 2% 부족한 느낌이다. 오죽했으면 집행부로 이름을 바꾸라고 할 만큼 현장 집행이 없다. 관료들이 일상적으로 현장으로 가도록 하는 일이야말로 관료 혁신의 출발점이다.

위계질서와 서열주의도 관료주의에서 늘 비판받는 대목이다. 9급부터 장·차관까지는 너무 멀다. 줄일 때가 되었다. 만약 행정고시를 폐지하면 자연스럽게 단계가 축소될 것이다. 직위와 직책을 일치할 필요 없이, 팀제 운용도 검토할 때가 되었다.

정부 조직의 통합적 운영도 검토 항목이다. 부처 간 칸막이와 이기주의는 심각한 수준이다. 지방분권을 위한 지방으로의 일괄 이양이 빨리 진행되지 않는 이유도 자리를 지키려는 부처의 이기주의 탓이다. 먼저 나누어진 경제나 산업 관련 부처의 통합을 검토해야 한다. 기획재정부, 국토부, 산업부, 중소기업부, 과기정통부 모두 경제 관련 부처이다. 금융위원회나 공정거래위원회도 마찬가지인데 따로 논다.

반대로 비대해진 권한을 가지 기획재정부의 재정과 경제기획 분야는 분리가 요구된다. 최근 10여 년 동안 우리나라에 경제기획이 존재했는지 반문해 본다. 다국적 대기업 중심의 경제에서 기획이 필요하지도 않았을 것이다. 그렇더라도 정부는 신성장 산업을 선제적으로 고민해야 한다. 돈이 되는 현재는 경제계에 맡겨 두더라도, 장밋빛 미래가 보장되지 않는 미래를 준비하는 것은 정부의 몫이어야 한다.

규제 관련 정부 부처의 통폐합도 절실하다. 경제계의 한결된 바람이다. 과학기술은 기초학문의 영역에 가깝고 정보통신은 현장 산업의 영역인데 한 몸인 점은 이해되지 않는다. 대기업 중심의 경제구조에서 산업부의 독자적 필요성도 재고 대상이다. 차라리 에너지 분야를 환경부와 합쳐주고, 중소기업부와 산업부, 기획재정부에서 분리된 경제 기획 분야를 합쳐서 경제산업부로 통합하는 것도 방법이다.

중소기업 양성을 위해 중소기업부를 만들고, 자영업을 보호하기 위해서 자영업 비서관을 신설하는 즉흥적이고 경제적 연계를 고려하지 않는 조직구성은 지양해야 한다. 융복합의 시대이다. 핀란드의 한 대학에서는 공과대학, 미술대학, 경영학과를 하나로 합쳐서 최고의 대학이 되었다고 한다.

정부 조직 개편은 집권하면 전문가들 몫이 된다. 그런데 그 전문가 집단이 다름 아닌 관료들이다. 관료의 시각과 관료의 이해가 반영된 전문성이다. 순혈주의를 깨고 경제계와 기업 현장, 정치권과 민생 현장에서 전문가를 발굴해야 한다. 조직은 이질적 요소가 있어야 긴장감이 생기고 잡종 강세 현상이 생길 수 있다. '대통령직인수위원회'를 짤 때부터 외부 경험이 풍부한 전문가들이 포진해야 한다. 그렇지 않으면 시작부터 관료에 둘러싸이게 된다.

마지막으로 공무원을 늘리는 일은 신중해야 한다. 국민 저항에 부닥칠 수 있다. 대한민국 공무원이 절대적으로 부족한 것은 아니다. 적재적소에 배치돼 있지 않고 열정적으로 일하는 공무원이 적을 뿐이다. 공공기관, 공기업, 공직 유관 단체까지 합치면 OECD 평균에 모자라지 않는다. 일하지 않는 공무원을 일하게 해야 한다. 현장과 서비스 중심으로 공직 구조를 재편하고, 결정권자가 현장 가까이 있도록 하면 공무원이 적다는 느낌을 지울 수 있다.

지방이 살아야
나라가 산다

한반도에서 지방은 예속과 차별의 한(恨) 많은 역사를 가지고 있다. 최근에는 지방 소재 대학을 지잡대(지방의 잡스러운 대학)라고 하며 멸시하는 단어까지 생겨났다. 여기에서 '지방'은 중앙이 아닌 '변방'이라는 의미를 내포한다.

근저에는 서울과 수도권은 중앙이고, 그 외 지역은 중앙의 지배나 통제를 받는 곳이라는 차별이 깔렸다. 원래 지방의 어원은 '특정 방면의 땅'이다. 예전에는 서울, 인천, 경기도 일대를 '경인지방(京仁地方)'으로 부른 적도 있었다. 그런데 차츰 수도권이라는 말이 경인지방을 대신했다. 지배 지역의 위치에 오르면서 보편성보다는 특수성이 강조된 것이다. 그래서 서울은 특별시가 된 모양이다.

중앙과 지방의 종속관계 또는 상하관계가 정립된 시점이 조선시대이다. 고려는 기본적으로 지방에 할거한 호족들의 연합정권이었기에 중앙과 지방의 종속관계가 심하지 않았다. 성리학을 기반으로 한 중앙집권적 국가인 조선이 건국되면서부터 지역적 차원의 위계질서를 잡기 시작한 것이다.

　지방은 세수와 군역을 담당하는 징발의 대상이었는데도 국가의 보호가 상대적으로 약했다. 지방에 강력한 군대가 있으면 반란의 위험이 있다고 보았기 때문이다. 조선 초기 북방 군벌들이 반란을 일으키자, 차라리 지방의 군사력을 소홀히 해서 외세의 침탈을 받는 것이 낫다는 생각까지 생겨났다. 조선에서는 왕실의 땅이 많은 기전(畿田)지방, 즉 경기도에서 제천 의림지의 서쪽인 호서(湖西)지방까지를 합쳐서 기호지방(畿湖地方)이라고 불렀는데, 여기까지가 제대로 보호받는 대상이었다. 바로 조선 지배계급의 지역적 기반이다.

　조선 시대에는 역대로 다양한 지역 차별이 있었다. 서북지방은 임진왜란 전부터 반란의 고장이라는 멸시를 받았고, 호남은 조선 후기 탐관오리의 탄압과 수탈로 자주 민란이 일어나면서 반역의 땅으로 인식되었다. 하물며 영남조차도 지배자인 서인, 노론 정권에 대항한 남인, 북인의 본향이라고 차별을 받았다. 이처럼 조선 시대 지방은 붕당정치의 볼모이면서 지배계급의 수탈 대상이었다.

　해방 이후 산업화 시기에 들어서면 효율적 성장을 위한 집적 논리로 지방은 다시 한번 소외된다. 그 내면을 보면 산업화 당시에도 지방은 저곡가의 농산물과 저임금의 노동력을 제공하는 수탈 대상이었다. 결국 옛날이나 지금이나 중앙과 지방은 지배와 피지배의 관계이다. 그렇기에 지방차별의 역사는 일시적이거나 지엽적이지 않고 계급

차별이나 인종차별처럼 역사를 관통하는 문제이다.

호남은 대표적인 차별의 대상이 되었다. 호남 차별은 군사 정권이 정치적 목적을 위해서 이 지역을 고립화한 측면이 크다. 1960년대 중반까지만 해도 정치적 차별이나 대립은 도시와 농촌의 갈등이 대부분이었다. 산업화 시기에는 수도권과 영남 일부를 제외하고는 전국이 경제적으로 차별을 받았다. 호남에만 국한되진 않았다.

1970년대에 들어서 박정희 정권이 장기집권을 획책하면서 영호남 지역갈등을 공공연히 부추기고, 1980년 광주항쟁을 거치면서 호남 차별이 심화하기에 이르렀다. 여기에서 군사 정권의 가해자 지역주의에 대항하는 이른바, 피해자인 호남의 저항적 지역주의까지 생기게 되었다. 더불어 지역주의에 기초한 3김 정치가 자리 잡으면서, 특정 지방이 정치인의 볼모로 취급되는 상황까지 이르게 되었다. 솔직히 김영삼, 김대중 대통령 두 분도 지역주의의 피해자이면서 또한 수혜자였던 셈이다.

권력 획득을 위한 정치 엘리트 간의 갈등으로 출발한 지역주의는 일반 지역민의 삶과 의식에까지 파고들어 대립과 차별의 정서를 만들었다. 영호남이 지역주의로 대립하는 동안, 실제로 배를 불린 것은 수도권의 지배 엘리트들과 그들과 결탁한 재벌들이었다.

김대중 정부가 등장하기 전까지 호남은 물론이고, 충청권 역시 저발전 상태가 지속했다. 영남에서도 대구·경북의 경우 산업구조조정 과정에서 정부의 지원이 줄어들면서 상대적으로 뒤처지게 되었다. 결론적으로 보면 3김 정치의 전성기였던 1987년 이후의 10년이 수도권 지배력의 최고점을 찍은 시기였다.

민주화 이후에도 지방은 서럽다. 수탈당하고 이용당한 역사에서 아직도 해방되지 못했다. 백성들의 고혈을 짜내던 조선이 무너지고, 노동자와 농민의 땀을 수탈하던 압축적 근대화 시기가 지나가고, 민주화의 시대까지도 지났건만 아직도 지방은 소외당하고 있다.

지방에 태어나서 지방대를 나왔다는 이유만으로 뒤처진 출발점에 선 청춘들이 있다. 일자리가 없고 교육환경이 나빠서 사람들이 떠난 지방에, 사람이 적다고 사회문화적 혜택을 줄이는 피해자 책임의 중앙집권적 행정이 아직도 횡행한다. 한(恨) 서린 지방 소외의 역사를 끝내려면 획기적인 지방분권과 균형 발전이 필요하다.

분권이 지방으로 권력과 권한을 나누자는 의미라면, 균형 발전은 지방도 함께 잘살자는 논리이다. 자세히 들여다보면 분권과 균형 발전은 철학적으로 조금 차이가 있다. 분권은 근대화 시대의 발전론을 넘어서는 포스트모던(Post Modern)한 측면이 있다. 분권은 장기적 관점의 중앙권력이 해체된 자치, 생태, 풀뿌리 민주주의 사회를 추구하기에, 경제발전과 중앙집권적 관료제라는 근대화론과 철학적 차이가 있다.

반면, 균형 발전은 말 그대로 골고루 균형적으로 발전하자는 이론이다. 발전론이 분명하다. 쉽게 비유하자면, 분권은 재벌 대기업을 해체하고 중소기업 하자는 소리이고, 균형 발전은 대기업을 지방으로 보내자는 주장이다.

한국은 압축적 근대화 과정에서 수도권과 동남권에 산업시설이

밀집되었고, 다른 지역과 경제발전의 차이가 벌어지고 말았다. 이 때문에 지역 간 경제 불균등이 생기고 정치적 지역주의로까지 확대돼 국가적 문제가 되었다. 이를 시정하려는 노력이 균형 발전 정책이다. 이는 전형적인 경제적 접근이다. 이런 접근법에 도사리는 문제는 지역 내 민주주의와 삶의 질이라는 부분을 간과한다는 점이다.

해결책으로 최근에는 '격차 해소'라는 개념이 등장했다. 격차 해소는 경제뿐이 아니라 노동, 환경, 교육, 문화 등 인간이 행복한 삶을 위해서 누려야 할 것들에 대한 지역, 계층, 세대 간 격차 해소의 의미가 포함되어 있다.

지방분권과 균형 발전의 선후를 두고 논쟁이 있다. 물론 동시에 이뤄지는 것이 이상적이다. 그러나 기어코 순서를 따지자면, 균형 발전이 더 시급하다. 또한, 균형 발전은 지방분권의 토대가 될 수 있다. 지역이 발전하면, 분권의 토대가 될 '돈(재원)과 사람'이 생기기 때문이다. 반면에 분권이 이뤄진다고 해서 균형 발전이 저절로 이뤄지는 것은 아니다. 무능한 분권은 지역을 더욱 곤궁하게 만들 수도 있다.

지역의 운명을 짊어지는 분권은 반드시 혁신과 동행해야 한다. 혁신 없는 분권은 지역 토호와 지역 자본에 쉽게 포위될 수 있으며, 지역 역량이 부족해 지역 간 불균형을 악화할 수도 있다. 분권이 제대로 성공하려면 중앙정부로부터 넘겨받은 권한과 재원을 지역 주민들에게 골고루 나눠주어야 한다. 즉, 지방자치를 넘어서 주민자치를 지향해야 한다.

장기적으로 지역은 스스로 거시 경제계획을 수립할 만한 역량을 키워야 한다. 중앙정부로서는 무차별 분산이 아닌, 지역별로 핵심 지역을 중심으로 분산해야 한다. 분산 속에서도 경제적 집적의 효과를 내기 위해서다. 노무현 정부에서 추진한 혁신도시나 혁신클러스터 정책이 대표적이다.

지방분권, 균형 발전, 지역혁신이 3두 마차가 될 때 지방이 살아난다. 당장 가능한 것은 국가균형발전 특별법에 근거해서 공기업을 추가로 이전하는 것이다. 국가균형발전 특별법 제18조에는 '정부는 수도권에 있는 공공기관 중 대통령령으로 정하는 기관을 단계적으로 지방으로 이전하기 위한 공공기관 지방 이전 시책을 추진해야 한다'라고 명시되어 있다. 임의가 아니라 강행규정이다.

한국의 혁신도시가 완전히 성공했다고 볼 수는 없다. 한 번씩 지상파 뉴스에 등장하는 혁신도시 소식은 대부분 부정적이다. "혁신도시에는 불 꺼진 상가가 넘쳐나고 건물마다 공실률이 70%가 넘는다"라는 내용이 주를 이룬다. "10조 원이 투입된 혁신도시가 주말이면 텅 빈 유령도시가 되다"처럼 예산 낭비로 몰아세우는 언론도 많다.

최대 규모의 공기업인 한국전력 본사가 이전한 나주나 부산, 대구, 울산 등 대도시 도심으로 이전한 경우엔 불만이 덜한 편이다. 경북 김천이나 충북 진천이 주말 유령도시로 자주 거론되는 지역인데 교육, 복지, 주거 등의 인프라가 미흡하다 보니 가족을 동반한 이전이 이뤄지지 않는 것이다. 그중에서도 교육 문제는 심각한 수준이다.

정주 여건의 미흡함에도 혁신도시들은 서서히 안착하는 모습을 보인다. 1차 수도권 소재 154개 공공기관이 10개 혁신도시로 이전된

후, 혁신도시 거주 인원이 2018년 기준으로 20만 명을 넘어섰다. 인구 증가, 세수 확대, 지역인재 채용은 확실히 드러난 성과이다. 판교 같은 분위기의 신도시가 들판에 들어서면서 지방에서는 구경조차 못 해본 편의시설이 생겨났다. 시나브로 젊은 부부와 어린이가 보이기 시작한다. 물론 아직 갈 길은 멀다. 2007년 혁신도시 건설이 시작된 지 12년이 흘렀지만, 중간에 보수 정권 10년을 거치면서 속도가 뒤처졌기 때문이다.

첫술은 성공작, 앞으로가 더 중요하다. 2차 공기업 이전이 2022년 대선의 중요한 공약이 될 것이다. 공약이 현실에서 좀 더 완성형으로 나타나도록 하려면 1차 혁신도시의 문제점부터 보완해야 한다.

첫째, 주거·교육·복지·문화·교통 등의 정주 여건을 향상하는 일은 백 번 강조해도 모자라지 않는다. 우리보다 먼저 혁신도시를 만든 프랑스에서는 공기업을 이전하면서 지방분산 특별수당, 배우자 이동 수당, 특별추가수당, 무이자 대출 등의 수많은 혜택을 주었다. 특히 맞벌이하는 배우자에게는 일자리를 알아봐 주기도 했다.

둘째, 대학이나 연구기관의 이전이나 신설이다. 혁신도시의 본질은 클러스터이다. 당연히 연구개발(R&D) 기능이 핵심이어야 한다. 공기업과 연구기관의 합작으로 기초를 닦은 뒤에 민간 기업까지 참여하는 순서로 발전해야 한다. 나주의 한국전력처럼 현실적으로 대학 신설이 가능한 곳은 드물다. 그렇다면 지역대학교의 공기업 유관 단과대학이라도 분리 유치하는 방법을 검토해볼 수 있다.

마지막으로 지역혁신 역량을 높이는 방법이다. 한국의 경우 혁신도시는 지역에서 섬처럼 고립되어 있다. 지방정부나 지역 시민사회의 참여가 전혀 없다. 법률적으로 아직 국토부가 관리하고, 혁신도시 지원 예산이 지방정부로 내려가지 않기 때문이다. 수많은 지역 경제 주체들이 혁신도시에 참여해 아이디어를 내는 프랑스 사례와는 딴판이다.

새로운 도시를 하나 만든다는 것은 새로운 나라 하나 만드는 일의 축소판이다. 그만큼 도시를 만드는 지도자의 결단과 의지가 관건이다. 다음 정부에서 추진할 2차 공기업 이전은 더욱 성숙해야 한다. 공기업을 이전한다는 수준에서 벗어나 스마트시티, 탄소중립도시와 같은 시대적 조류까지 포용해 새로운 지도자의 이름과 나란히 설 수 있을 만큼 자랑스러운 도시가 되었으면 한다.

혁신도시 시즌 2

수도권 집중화와 지역소멸이 가속화하고 있다. 수도권 인구가 전체 50%를 넘으며 인구 감소에 따라 2018년 기준으로 전국 228개 시군구 중 89개(39%)가 소멸위험 지역이라는 분석 결과가 나왔다. 가장 큰 이유는 비수도권 지역에서 수도권으로의 인구 유출이다. 지역 간 소득 불평등, 문화, 복지 등 인간다운 삶을 영위할 조건의 불평등도 심해지고 있다. 헌법에 명시된 평등권과 행복추구권이 거주 지역에 따라서 지켜지지 못하는 상황이다.

문재인 정부가 의욕적으로 추진한 지방분권형 개헌이 좌절되고, 혁신도시의 활성화가 지체되면서 균형 발전의 에너지가 전반적으로 위축되고 있다. 게다가 전국의 혁신적인 벤처기업들을 빨아들이는 판교테크노밸리의 확장, 수도권 3기 신도시 조성, 용인의 하이닉스 공장 신설 등은 균형 발전 측면에서 보면 균형에 역행하는 결과를 낳았다.

다음 대통령은 2차 공공기관 이전의 조속한 추진을 결단해야 한다.

먼저 결정할 사안은 이전 대상 공기업 선정 기준이다. 국회 논의 과정에서는 122개를 밝힌 바 있으며, 국가균형발전위원회는 그보다 많은 200여 개를 언급했다. 노무현 정부의 국가균형발전위원회 위원장이었던 이민원 교수는 공공기관 210개와 투자, 출자회사를 합쳐서 이전 대상 기관을 489개로 제시했다. 혁신도시는 지역 경제 활성화가 최초의 목적이기에 많을수록 좋다. 더 크게 하자면 유관 민간 기업 이전에도 지원을 아끼지 말아야 한다. 혁신도시 부지의 분양, 세제 감면 혜택, 그리고 근로자 삶의 질을 높이는 과정에까지 일정 부분 혜택을 주어야 한다.

두 번째, 혁신도시 숫자다. 노무현 정부처럼 10개 정도의 다핵전략으로 갈지 권역 단위로 소수 도시만 조성할지 판단해야 한다. 추가로 기존 혁신도시에 공공기관을 더 이전해 규모를 키울 것인지도 고려 대상이다. 이 문제는 균형 발전론에서 늘 논쟁이 되는 부분이다. 거점형과 분산형의 지역발전론이다. 개인적으로는 혁신도시는 경제 단위를 기본 구상으로 하기에 거점형이 적절하다고 본다. 분산하고 잘게 쪼개어 놓으면 자생력을 얻기 어렵다. 기존 혁신도시 중에 자생력이 부족한 도시를 더 지원하는 방안도 필요하다. 만들어 놓은 도시를 버릴 수는 없는 현실이다.

세 번째, 기존 구도심과 연계할지 신도시를 만들지 고민해야 한다. 정부로서는 신도시를 선호할 것이다. 부지 문제, 비용, 행정의 편의성을 우선시하기 때문이다. 그러나 장기적 관점에서 정주 여건을 고려하면, 신도시가 사회적 비용이 작다고만 할 수는 없다. 땅값이 저렴할 뿐이고 공무원이 일하기 편할 뿐이다. 현재 대구, 부산, 울산의 구도심에 인접한 혁신도시는 규모와 관계없이 안정화가 이뤄진 편이다. 도시재생 효과도 있으며, 기존 도시 기반시설과 연계해 활용할 수 있다는 장점이 있다.

마지막으로 가장 논쟁적인 주제는 어느 지역으로 갈 것인가이다. 일단은 산업적 연관성이 있는 지역으로 가는 편이 시너지를 발생시켜 유리하다. 지방정부의 유치 의지와 공공기관 종사자들의 선호도 반영되어야 한다. 빼놓을 수 없는 부분이 대학이나 연구기관과의 연계 계획이라고 본다.

남북접경 지역 혁신도시를 꿈꿔본다. 남북접경 지역은 분단과 냉전으로 재산권 침해와 저성장의 손해를 온전히 받은 지역이다. 보상적 차원에서라도 검토해볼 만하다. 남북화해와 상호발전을 위한 평화경제의 영역으로 접근하는 것도 필요하다. 기존 정부나 지자체의 대북 교류 사업이 경제적 이익이 아닌, 민족의 동질성 회복이라는 감성적 측면에서 시도되고 있다. 낙후된 접경지역의 발전을 위해서 공기업을 이전하는 아이디어도 동원할 수 있다. 이미 이재명 경기도지사 시절에 경기 남부에 있는 경기도 공기업을 북부권과 낙후된 동부지역으로 옮긴 이력도 있다.

공기업 이전의 법률적 근거인 국가균형발전 특별법에는 국가균형발전의 주요 대상으로 '접경지를 비롯한 도서 지역 등의 특수상황 지역'이라는 구절이 들어 있다. 국가균형발전 특별법이 혁신도시 특별법의 상위법이다. 법률적 논리로 혁신도시 특별법의 개정이 가능하다. 최근 파주와 김포에 지역구를 둔 국회의원들이 평화경제 특구법을 추진하려 한 적이 있다. 기존에 없는 새로운 법을 만드는 것은 어렵다. 혁신도시법을 개정하는 것이 훨씬 수월하다.

비빌 언덕이 있어야 한다. 경기도지사가 제안한 적 있는 남북 트윈시티나 국제자유도시 구상도 현실화하려면 기존 법에 근거해 접경지 혁신도시 유치를 선행하면 무리가 따르지 않는다.

혁신도시가 만들어져 산업클러스터가 형성되면 파주나 김포와 개성을 연결하는 제2 개성공단의 단초도 될 수 있다. 이른바 접경지 혁신도시의 출현 가능성이다. 성사만 된다면 한국 기업의 고질적인 인력난과 고임금 해소에 큰 도움이 될 것이다. 장기적으로 남북평화경제에 기반한 황해경제 시대가 열리는 것이다.

초광역 행정구역 통합

노무현 정부와 이명박 정부 때 5+2 광역경제권 구상을 추진했다. 수도권, 부·울·경, 대구·경북, 호남권, 충청권의 5개 광역권과 강원, 제주를 합쳐서 분권화된 지방 발전 전략을 제시한 것이다. 이명박 정부에서 약 50조를 투자했지만, 성과는 미비했다. 박근혜 정부는 광역 생활권 구상을 제안했지만, 실행조차 되지 못했다.

문재인 정부가 발표한 초광역 메가시티는 이명박 정부에서 구상한 5+2 광역경제권 구상과 박근혜 정부의 생활권 구상에 제도적 프로세스를 현실성 있게 합친 것이다. 예산과 인센티브를 줄 테니 장기적으로 행정구역 통합까지 가자는 구상이다.

잘게 쪼개어 놓은 광역시도는 지방 발전의 가장 큰 애로사항으로 규모의 경제 효과와 효율성이 떨어진다. 인구가 적으면 정치적으로 수도권과의 경쟁에서도 밀린다. 지방분권의 이론적 대세는 '정치·경제 단위인 광역은 크게, 생활 단위인 기초는 작게'이다. 그런데, 시도를 나눠놓고 오랜 기간 생활하다 보니, 관성이 생길 수밖에 없다. 이른바 관료주의와 배타주의가 싹튼 것이다. 일부 보수적인 학자들은 관료들의 자리 욕심이 지방정부의 통합을 막는 요인이라고 말하기도 한다. 가령 경상남도와 부산이 행정의 분절로 통합적인 교통체계를 가지고 있지 못하다면 피해는 고스란히 양 시·도 간을 출퇴근하는 주민들에게 가는 상황이 온다.

현재 정부가 추진 중인 초광역 정책의 골자는 두 개 이상의 시·도가 협력하면 SOC 사업의 예비타당성조사 면제와 재정·세제·규제 등 특례를 통해 획기적 인센티브를 제공하겠다는 것이다. 하지만, 행정구역 개편을 장기적 과제로 둔 채 프랑스처럼 광역행정청을 두지 않고 시·도 간 자율적인 특별지방자치단체를 두기로 한 점은 효율성 면에서 허점이다. 정부 제안이 자율에 무게를 둬 현행 시도지사들에게는 환영받겠지만, 지역 관료 사회의 배타성과 경직성이 존재하는 한 협력은 쉽지 않을 것이다.

초광역 행정구역 개편을 이룬 프랑스도 완료까지는 40년이라는 긴 시간이 걸렸다. 1959년에 최초로 우리의 도(道)에 해당하는 데파르트망 위에 레지옹이라는 초광역 단위를 설정했고, 1964년 행정협의회를 구성한 뒤, 2003년 개헌을 통해서 레지옹이라는 초광역 단위로 확정했다. 프랑스가 40년이 걸렸다고 똑같은 길을 걸으라는 법은 없다. 시·도간 통합에 법률 요건을 준비하면서, 조기에 좀 더 강력한 권한을 가진 초광역행정청을 두는 것이 요긴하다. 이때 중앙정부는 지방에 산재한 특별행정기관의 운영권을 넘겨줘야 한다.

초광역 단위에서 주민 대표가 선출되는 과정도 조기에 설계해야 한다. 대의민주주의가 작동해야만 기존 시·도의 정당성이 빨리 이양된다. 아마도 공직사회의 저항이 큰 지방정부보다는 지방의회의 통합이 손쉬울 것이다. 지방의회를 확대하고 전문성을 키우는 법률적 조처도 동시에 진행해야 한다. 초광역 행정구역 통합만 성공해도 지방분권, 균형 발전 대통령으로 역사에 기록될 것이다.